超宇宙のパワープレート！

FTW使い倒しBOOK

酵素蘇生研究家
林弓紗

ヒカルランド

FTW使い倒し実例をご紹介

この本を手に取ってくださったみなさまへ

はじめまして、酵素蘇生研究家の林弓紗です。
私はＦＴＷ式酵素玄米の炊き方、味噌教室、
ＦＴＷフィオーラの美顔法を広めて
十四年になります。
のべ三〇〇〇人以上の方に
ＦＴＷの使い方や魅力について、
ご説明させて頂きました。

何故私がこれほどまでに
続けて来られたかと言うと、
西洋医学では人は本当に健康になり、
心の底から幸せになる事は難しいと
知ったからです。

生死を彷徨《さまよ》う子宮外妊娠から
臨死体験をした私が、
今こうして生きていると言う事は
「私には多くの方に役に立つ事が
出来るのではないか」
と思うからです。

私は無理なく、
「自然と共存・共栄」するという
地球にも優しいやり方で、
多くの方に健康になってもらいたいと
心から思っております。

大愛の光を受け皆様と魂の共鳴が出来ますように。　合掌

2021年5月吉日

酵素蘇生研究家　林弓紗

contents

カバー・扉・目次デザイン　三瓶可南子
カラーページデザイン　高橋さやか
校正　麦秋アートセンター
情報提供　ＦＴＷ使い倒しグループのみなさま
調理写真　中山ノリ
監修　株式会社コンプラウト

ＦＴＷを使って素材も料理も
おいしくヘルシーに！

ＦＴＷ
料理
編

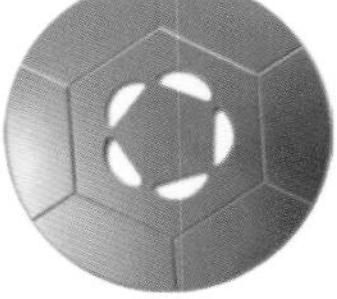

時短クックとおいしさUPのW効果に期待大！
1枚あればこんなに使えるFTWの調理法

ＦＴＷのビューラプレートを使うと1枚でこんなにも大活躍！　特殊なセラミック素材のため、鍋や油の中に入れて調理に使えて、下に敷くことで毒素アクを抜いたり熟成を促したりすることもできます。また、電子レンジに入れることでマイクロ波を遠赤外線に変換し、トースターに入れると揚げ物や冷凍パンもサクッと仕上げることができます。家族の健康のために、毎日の時短クッキングのために幅広くお使いいただけます。

酵素玄米が50分で出来上がり！

発酵を促すので味噌も2週間で完成！

油の酸化を防止して替えずに長く使える！

野菜をゆでると
シャキッと長持ち！

マイクロ波を遠赤外線に
変えてより美味しく！

直火でパンなどを
焼くことができる！

農薬やワックスなどの
有害物質を除去！

遠赤外線になることで
冷凍パンもサクッとしっとり!

酸化防止剤を飛ばし
熟成を促す！

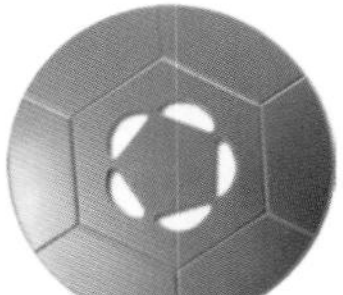

ＦＴＷビューラプレートを使うと通常3日寝かせる酵素玄米が50分で炊き上がる！

ＦＴＷの主な使い方として皆さんに広く知られているのが、酵素玄米です。通常、3日間寝かせる必要がある酵素玄米が、指定の圧力鍋（平和アルミＰＣ-60Ａ）と、ＦＴＷを使うことでなんと、50分で炊き上がるのです。玄米は体にいいと言われていますが、中に含まれる「アブシシン酸」には気をつけなくてはいけません。これを解決してくれるパーフェクトなご飯が酵素玄米です。

【玄米の中のアブシシン酸とは？】

「アブシシン酸」は玄米が発芽時に出す毒のことです。ミトコンドリア毒と言われ、細胞内のミトコンドリアが影響を受けるとエネルギーがつくり出せなくなります。体内のミトコンドリアを損傷し、さまざまな疾患の原因になるのです。熱をつくらなくなるため、低体温になり、不妊やがんにもなりやすくなります。全ての体内酵素の働きが鈍くなるのです。よって、免疫力が低下します。アブシシン酸を摂取し続けると、いずれ顔が黒ずみ腎臓が萎縮してくるので要注意です。

その解決法が、高温高圧で50分炊くこと。玄米の持つ抗がん効果などを十分に栄養素として活用できるだけでなく、玄米の持つうまみ成分も引き出すことができます。

また、フィチン酸のキレート効果で放射能や有害物質を体外へ排出します。

※アブシシン酸の悪影響については、さまざまな見解があります。

FTW式 酵素玄米の炊き方

平和アルミPC-60A うち鍋方式

【準備するもの】

FTWビューラプレート
平和圧力鍋PC-60A
無農薬玄米　8 合
黒千石大豆原種　70g
紅塩　10g（購入先は P17へ）
大きめボウルとザル
泡立て器

1 玄米を洗う。
ボウルとザルの間にプレートを入れて汚れを引き出す。
研ぐのは 2 回まで。
 3 回目は振り洗い程度で籾殻や汚れを落とす。

2 洗った玄米を内釜に移してプレートを内釜の下に敷く。

3 黒千石大豆も洗ってザルにあげておく。

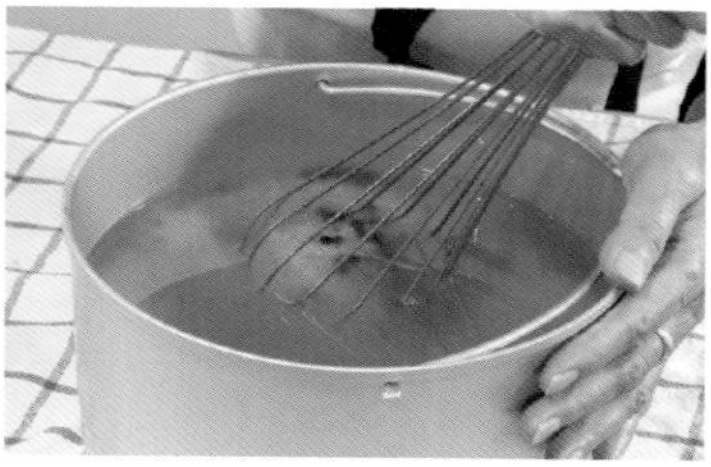

4 紅塩と黒千石大豆を加えて泡立て器で右回りにぐるぐると回転させる。
3 分から 5 分混ぜていくと白濁して有機ゲルマニウムが発生する。
お米が見えなくなるまでが目安。

5 内釜を外釜にセットして、FTW プレートをお米の上にのせて蓋をする。
7 部火で火をつけてタイマー50分をかけ、25分後に重りが動き出せばちょうどいい火加減。その後13分程でおもりが止まって、カミナリ現象（※）が起きたら弱火にする。

6 50分のタイマーが鳴ったら火を止めて蒸らし時間。
35分後蓋を開けると完成です !!

7 さっくりと混ぜて保温ジャーに移して保管します。

8 炊きたての酵素玄米は香り良く最高の栄養食です。
保温ジャーで 1 日 1 回は天地返しをして、発酵が進みながら 1 週間はおいしくいただけます。

※カミナリ現象とは、圧力鍋の中でパチパチとスパークする音がすること。
この音を合図に弱火にします。
これは「平和圧力鍋 PC-60A」でしか今のところ確認されていない現象で、他の圧力鍋だとこのレシピで酵素玄米はできません。

FTW 式酵素玄米の炊き方、お味噌作りは少しコツが必要なので一度受講されることをオススメします。全国に酵素マイスターの資格を持つ方がおりますので、㈱コンプラウトの HP でご確認下さい。www.comprout.jp

【平和アルミ PC-60A 取扱店】

プレマ株式会社
TEL：075-600-2848
mail：info@prema.co.jp

びんちょうたんコム
https://www.binchoutan.com/index.html

FTWで炊いた酵素玄米を毎日食べて無理なく自然なダイエットに成功したeveさんをご紹介！

毎日欠かさずやることは、フィオーラの全身トリートメントと酵素玄米を食べることです。

FTW酵素マイスターの資格を取っていたので酵素玄米の炊き方講座をやっていました。そのため、FTWの活用方法は理解していました。

今回はフィオーラトリートメントに時間をかけることを中心に、気をつけたことはいくつかあります。

食べるという行為を見直したくて、自身で考えたファスティングプログラムを続けた結果のビフォーアフターです。

ここから私が実践した独自メソッドの内容をお伝えします。

①月に1回5日間連続して動物性食品を断つ！ファスティングをしました。腸環境を整えるため、腸を乱す動物性食品を抜き、ヴィーガンフードにチェンジします1日2食にしてカロリーダウンしますが酵素玄米で満足度を上げます。

②その5日間は起きてから8時間以内に食事を済ませ、16時間の空腹をつくる、ゆるい断食を組み合わせました。

③それを女性の体と関係の深い月の周期に合わせて新月までの5日間で行います。

④酵素玄米で〝食べる瞑想〟をします。自分の音声にて誘導瞑想します。食べる速度、食べる意味、五感を研ぎ澄ますことを見直します。

⑤ヨガを取り入れました。資格がないので教える自信はないのですが、難易度の高い〝片足の鳩の王のポーズ〟を攻略しよう！　と決め毎日柔軟性を高めるストレッチを続けました。目標を達成することに集中すると食べることから気がそれます。

⑥毎日ヨガの際にヒーリングミュージックをかけて自分の気持ちと向き合いました。瞑想ですね。

⑦お風呂上がりにフィオーラを使って全身トリートメント。

簡単にまとめてみました。このファスティングメソッドは有料コンテンツとしてこれから売り出す準備中です。

以上の内容を3カ月実行して撮った写真がアフターの写真です。

食べられるファスティングなので全くストレスがなく、逆に心地よさも感じます。私にはメリットばかりでした。

美容サロンを経営していた経験から体の知識はありました。下の子を出産後〝産後うつ〟の過食で太ってしまったのがキッカケになり、たどり着いたメソッドなのです。

食べ過ぎで老化を早め、食べ過ぎで傷つけた細胞を修復し体を労ることはフィオーラで解決でき、体に栄養を与え満たすことができるのはFTW式酵素玄米と野菜中心の食事だと思います。

心に寄り添うことは瞑想。

リラックスのためのヨガ。

これを組み合わせた結果です。

（体験者・eveさん）

eve さんの実戦したダイエット法

【意識したこと】

◎食べるという行為を見直す

【気をつけたこと（私の場合）】

◎ココロに寄り添うことでした。全てを受け入れて今の体験に集中する。ここはダイエットの中ですごく重要な部分でした！　運動に時間を割けない人にとってダイエットはココロをコントロールすることだからです。私は 6 歳と 1 歳の子育て中なので自分の時間がありません。

【どのように体が変化したか】

◎過食が続き軟便になっていましたが、軟便が治りました
◎気がつくと二の腕が痩せていました
◎肌質が変わりました
◎お腹周りのお肉が減りました

【運動】

◎ヨガ

【酵素玄米以外の食事】

◎月5日間だけカロリーを抑えた野菜中心の食事です

ＦＴＷの酵素玄米と味噌づくりに欠かせない、効能に特許がおりた原種の黒千石大豆

ＦＴＷ式酵素玄米で使用している黒千石大豆について

幻の黒千石大豆は、１９７０年代に一度絶滅してしまった幻の黒豆の原種であり近年、効能に特許がおりました。

２００１年に世界的な豆の研究者である有原丈二さんの指導を受け、現在北海道で栽培が行われ流通するまでになりました。

その後、２０１５年北海道大学の西村孝司教授らにより、特許が取得されました。

特許名は「Ｔｈ１系免疫賦活剤」であり、主な内容は次の４つになります。

●細菌やウイルスを破壊する。
●腫瘍細胞に直接的に働きかけ増殖抑制作用を示す。
●抗体をつくるよう指示を出す。
●一度つくった抗体を記憶して敵が二度と侵入してこないように見張る。（抗原抗体反応）
●キラーＴ細胞、ＮＫ細胞、マクロファージなどの細胞を活性化する。

Ｔｈ１細胞が指令を出す際に分泌するのが「インターフェロンγ」。

この豆を食べるだけで免疫力は格段に上がってきます。
今だからこそ皆様に食べていただきたいと思います。
酵素玄米だけでなく、お味噌づくり、黒豆茶、酢大豆等で毎日少しでも召し上がってください。
他のお豆にはない健康効果が得られます。
※ネットでも購入できるようですが、品種改良されているものがほとんどです。
原種だからこそ、ＦＴＷの併用により、より高いエネルギーの食材に変わります。
ぜひ、原種の黒千石大豆（※１）で免疫力を高めてください。

黒豆茶のつくり方

大さじ１・５の黒千石豆をフライパンで軽く炒ります。
カップに入れお湯を注ぐだけです。
最後に柔らかくなったお豆も食べて頂くことが出来ます。

※１：特許を取得した黒千石大豆とP12の「ＦＴＷ式 酵素玄米の炊き方」に欠かせない、電子を持つ世界で唯一のヒマラヤ岩塩「紅塩」のご購入をご希望の方はこちらへお問い合わせください。

林 弓紗（はやしゆさ）メール
yusahayashi@gmail.com

黒千石大豆のお味噌づくり

平和アルミPC-60A　外鍋使用

2 浸水させたお水にはポリフェノールがたっぷり含まれているので、そのまま捨てずに30分圧力鍋（外鍋）で柔らかくする。吹きこぼれに注意して火を弱める。

【準備するもの】

FTWビューラプレート
黒千石大豆　500g
自然塩　200g
米麹　500g
平和圧力鍋 PC-60A
食品保存袋大× 2 袋
圧力鍋

3 米麹と自然塩を食品保存袋の中で混ぜ合わせて塩切りする。
このときに手の常在菌と麹とが合体して手前味噌になります。
つくりやすいように 2 袋に分けておく。

1 黒千石大豆は洗ってから一晩浸水させる。浸水時にもプレートを入れておく。

4 ゆで上がった黒千石大豆はザルにあげて水分を切り、２等分にしておく。ゆで汁はおいしいので飲んでみてください（P20のヨーグルトにも！）。

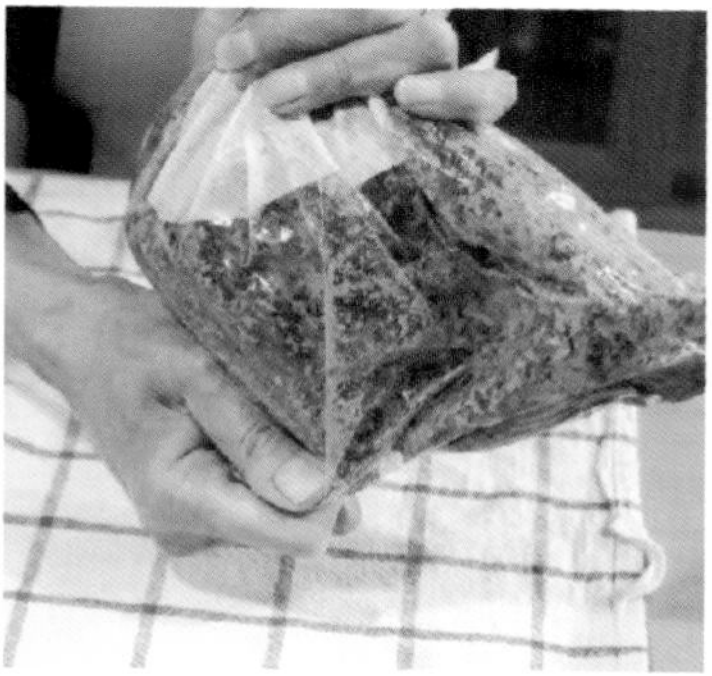

5 粗熱が取れたら２袋の食品保存袋に移し黒千石大豆を袋の上から手で潰す。柔らかいので簡単に潰せます。潰した黒千石大豆の中に用意しておいた麹と塩を加えて袋の外からよーく混ぜます。

6 平らにならして食品保存袋２袋が当たるようにプレートを挟んでおく。

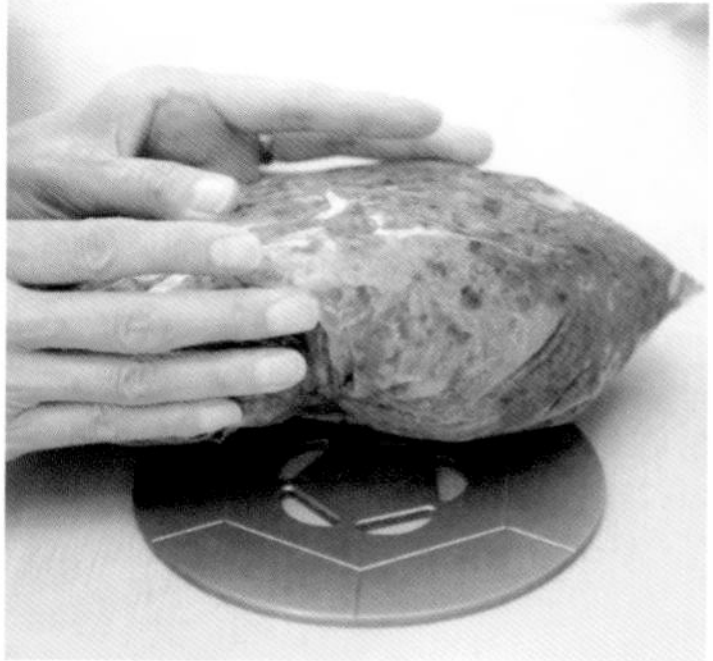

7 ２週間の間１日１度は袋の封を開けて空気を含ませながら揉み込む。簡単に封をして毎日１度、空気を含ませながら揉み込むことでカビの心配もなく完成です。

黒千石大豆味噌をつくるときに出る煮汁を使って黒千石豆乳ヨーグルトをつくろう！

【黒千石豆乳ヨーグルトの作り方】

お味噌をつくるときに出る、黒千石豆の煮汁（P19参照）を、冷めてからペットボトルに詰め替えます。しっかりキャップをして常温で2日置いておくと泡が出てきます。そこで、キャップをそっと開けてみて、「プシュッ」とガスが抜ける音がしたら、種菌ができた合図です。1ℓの豆乳パックから100㎖だけ抜いて、その種菌を入れて、常温でさらに1日放置してから、冷蔵庫に入れます。写真のようにとろりとしたら豆乳ヨーグルトの完成です！

【バルサミコ酢風も!?】

FTW プレートを入れたフライパンで煎った黒千石大豆を、黒酢に漬け込んで常温で放置しておくと、1週間くらいでバルサミコ酢のようにとろりとなめらかでコクのあるお酢になります。こちらもぜひお試しください。

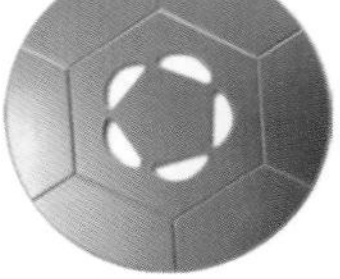

調理に使うと驚くほど差がわかる！ 酸化を防ぎ、農薬やワックスを除き、 食べ物を電子化するＦＴＷのすごいパワー！

野菜と一緒にボウルに入れて10分。
農薬の悪影響を受けない野菜に早変わりします！

さくらんぼをプレートと一緒にしばらく水に漬け、食べ比べをしたところ、甘さがさらに強くなって、味も香りも濃くなっていました。
やっぱりプレートありなしで確実に違いました！

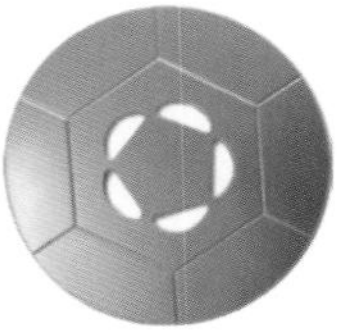

FTWは特殊なセラミックのプレート
オーブントースターや電子レンジに使うと
遠赤外線効果でよりおいしく温められます！

デニッシュ、冷凍パンなどをトースターで温めるとき FTW を下に敷いておくと遠赤外線効果で表面はサクッと中はしっとり仕上がります。冷めた揚げ物はホイルに乗せてからプレートを敷くと庫内を汚さずカリッと仕上がるでしょう。

電子レンジで使うと電磁波を遠赤外線に変換してくれるため安心・安全により美味しく温めることができます。

※電子レンジを使用する際は庫内ではなく上に FTW を置くことを推奨しています。中でも外でも同じ周波数です。

ほうれん草をゆでるときも、鍋の中にＦＴＷプレートを入れておきます。

冷めたコロッケは電子レンジに入れるときは、下に敷いてチンします。

トースターで冷凍パンを焼くときも、パンの下にプレートを敷くと、ふっくらしっとり！

揚げ物のときは揚げ油と一緒にＦＴＷプレートを入れて揚げると、サクッと揚がるだけでなく、酸化防止効果も期待できます。

ＦＴＷプレートを入れるか入れないかで、調理の仕上がりがこんなにも変わるのです！

見た目だけではなく、酸化防止や毒素を飛ばす効果が期待できることで、味や保存状態が良くなるだけなく、体にも優しい食事になります。

FTW を使って調理実験！

右のボウルが FTW プレートを入れて10分経過したもの。
左は水だけを入れたボウルの野菜。プレートを入れたほうが葉がフワッと広がり、根っこもしっかりシャキッとしていました！

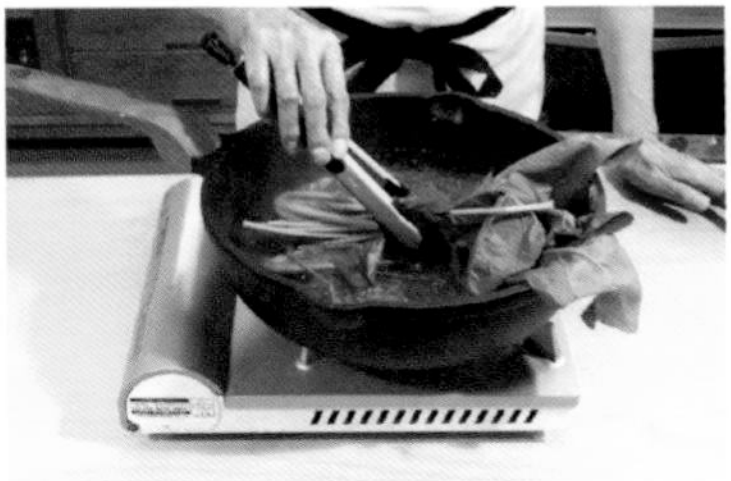

右の鍋は FTW プレートを入れて、左は FTW プレートを入れずに同じほうれん草をゆでてみました。ゆで時間も鍋も使っているお水も全て同じものです。

出来上がりはこちら。右のプレートを入れたほうがふっくらシャッキリ仕上がって、冷蔵庫で保存してからも歯応えがしっかり残ります。

お寿司をのせるとお皿よりふっくら！

シルバーのプレートにのせると
さらにいくらがこぼれるように
溢れ出てきています！
（シルバー現象化については P40〜）

いくらの軍艦巻をプレートにのせると
いくらがふっくらしてきます。
上下を見比べてみると一目瞭然。

納豆はふんわりボリューム UP！

納豆もプレートにのせるとふっくらして粘りも引き出せます。
写真だと少しわかりづらいですが左右を見比べてみましょう。

インスタントラーメンのお鍋に入れると!?

いつなんどき避難所等でインスタント食品を食べなくてはならなくなるかわかりません。
プレート入りで作って食べ比べてみてください。
麺もスープも別物になっています。
ちなみにカップラーメンも容器の下にプレートを敷くだけです。

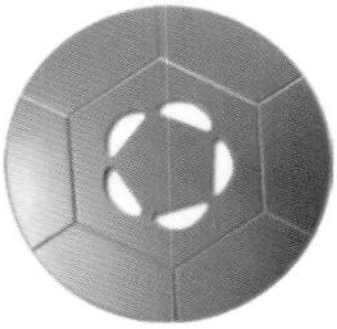

ＦＴＷで酸化防止することで8年間油を変えずにサクッとおいしい揚げ物

フライヤーに入れて使うと、酸化しないので油の節約になります。

油も捨てずに環境にも優しく、なによりおいしい揚げ物になります。

天ぷらを揚げるときだけプレートを入れます。

その後、プレートは取り出して中性洗剤で洗ってください。

冷めた油は漉して保存します。

次に油を使うときにプレートを再度入れて火をつけると、酸化した油も還元して何度でも繰り返し使えます。

油を捨てずに8年間注ぎ足しで使用している方もいます。

必ず良い油を使ってください。

水素添加したような油はすぐに過酸化脂質となり体の中で活性酸素が増えてしまいます。

米油でも良いですし、搾りの菜種油やココナツオイルもおすすめです。

お好みですが、ココナツオイルで天ぷらをするととてもおいしいですよ。

肉も！　魚も！
ＦＴＷの遠赤外線効果で
カンタンにふっくらおいしく！

FTW ビューラプレートに乗せたお肉は、鉄板で焼いたお肉よりもふっくら！

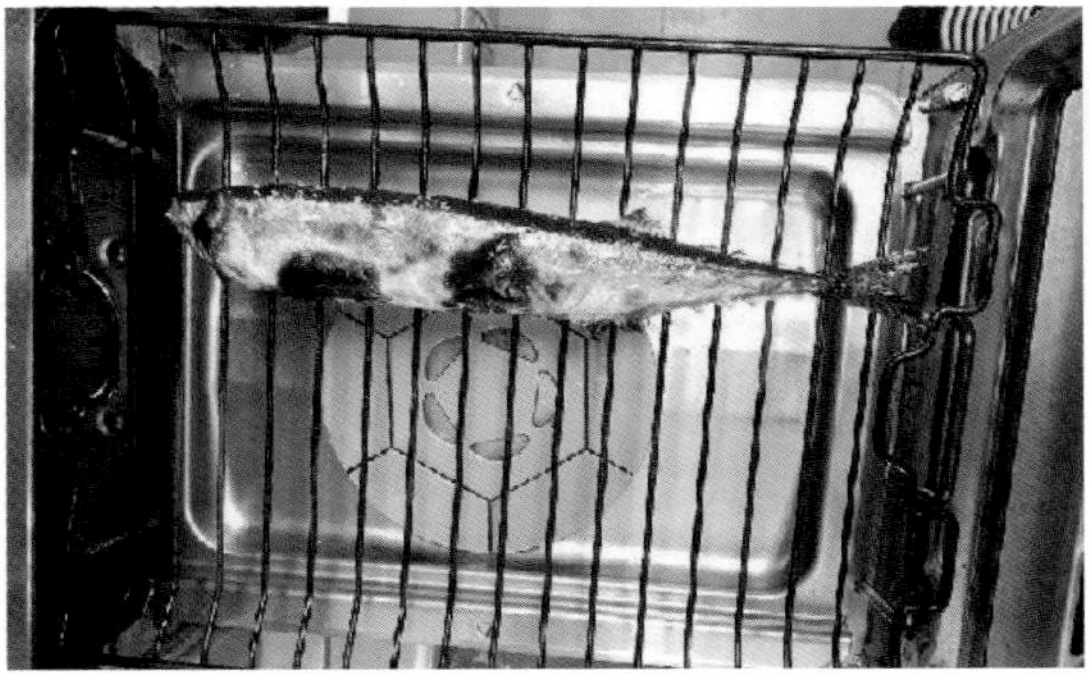

魚はグリルの下にプレートを入れても、上にのせて焼いても、遠赤外線効果で中までプリプリ！

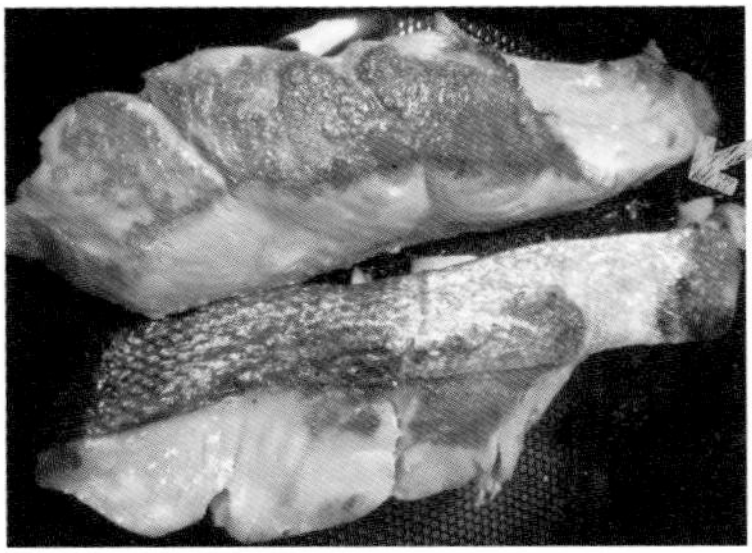

余分な油を吸い込まないだけでなくパプリカ色素も排除してくれる！ＦＴＷはヘルシーな卵料理の強い味方！

10個の卵を5個ずつ
プレートの有無でゆで比べてみました。

上の色の濃い方が普通の茹で卵です。

下の色の薄い方がプレートありのゆで卵です。

上の方が黄身が濃くて
おいしそうに見えますか？

鶏の餌に入っていたパプリカ色素の色です。

プレートを入れてゆでたことで、添加物である色素が抜けて、お味もしっかりおいしいゆで卵になりました。

※すべての卵にパプリカ色素が含まれているわけではありません。

卵を溶いている時間はほんの数秒です！

FTW プレートを
ボウルの下に敷いて
卵を溶いただけなのに、
卵焼きの油も吸わず、
ホットケーキもふっくら
グーンとおいしくなります。
すぐにお試しください。

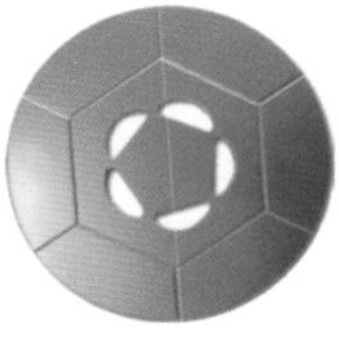

プレートを裏返して酸化防止剤を飛ばし 表に戻して熟成を促進させて価格以上のワインに

たいていのワインには
酸化防止剤が入っています。
強いものは胸焼けや
二日酔いの原因になると
言われています。
ワインは酸化防止剤を
抜いてから飲むことを
おすすめします。
プレートを裏面にした上に
ボトルを10秒置くと
ナチュラルワインに早変わり。
それから表面にして
さらに置いていただくと
安いワインも
熟成がグッと進んで、
コクや深みが出てきます。
おいしいからといって
飲みすぎないようにご注意を！

FTWに適したお酒と適さないお酒

日本酒・焼酎の場合

角がとれたようにまろやかな味になります。おすすめです。

ビールの場合

炭酸が飛んでしまい、気の抜けた味になるので適していません。

スパークリングワインの場合

ビールと同じく炭酸が飛ぶため、独特の風合いが損なわれる可能性があるためおすすめできません。

ウィスキーの場合

こちらもボトルの下に敷いて熟成を促すことで、まろやかな風味が期待できます。ぜひ、お試しください。

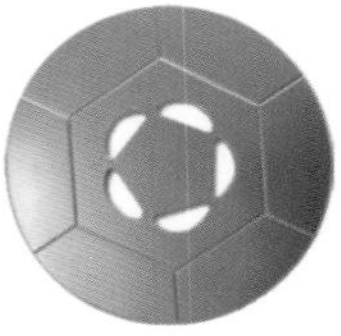

プレートあり／なしでこんなにも違う！
ホームベーカリーでもＦＴＷが大活躍！

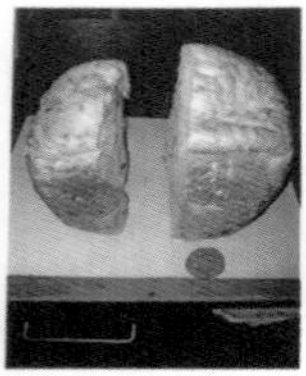

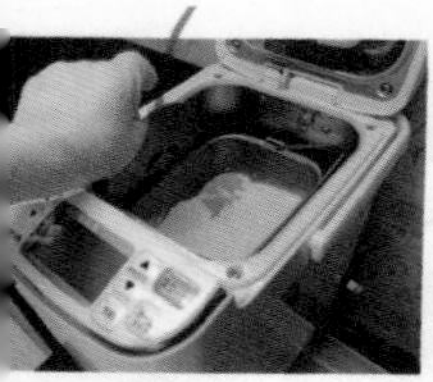
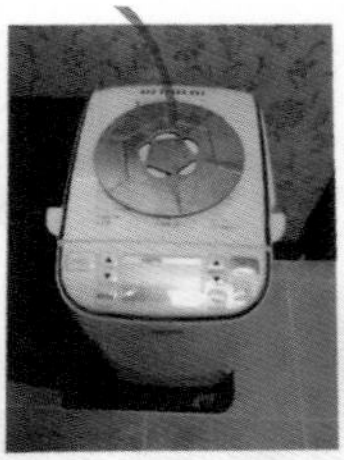
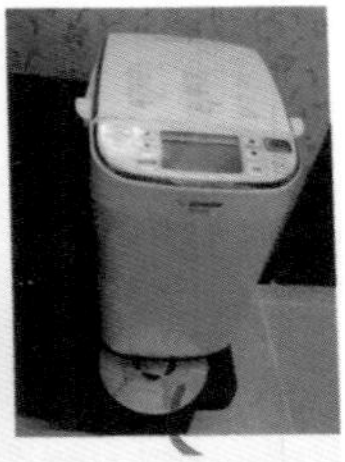

ホームベーカリーでパンを焼くとき、FTW プレートを焼き釜の上、下、中、全ての場所に入れて試したところ、どこに置いても同じようにふっくらおいしく焼き上がりました。波動とはそういうことです！　右がプレートあり、左がプレートなしです。

パンを温める時、
プレートをガスコンロの
直火で熱くなるまで
温めてから火を止めて
パンをのせておくと、
片面はカリッと、
中はふっくらして、
おいしくいただけます。

FTWビューラプレートはほかにこんな使い方も！

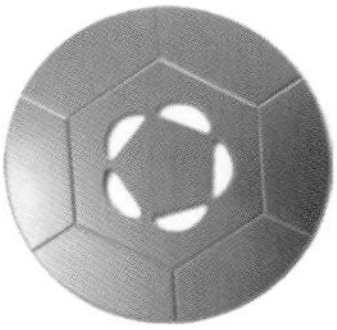

元気がなくなった観葉植物に（左）プレートを敷いたら一晩でこんなにシャキッと元気になりました（右）。

果物の下に
FTW プレートを
敷いておくと
熟成を早めて
甘みを
引き出します。

フグのひれ酒（右）にプレートを敷いて火をつけたら、ふっくらとしたひれに戻っておいしい！
フグ刺し（左）もお皿の下にプレートを敷くだけで、1分くらいでみずみずしさが増してプリプリになりました。

FTWを愛用している秋田のパン屋さん吉野夏子さんに日常での使い方をいろいろ教えていただきました！

パン屋を営んでいます。よりよいパンをつくるには体調を整えることが大切だと実感していたところ、たまたまSNSでFTWのことを投稿されている方がいて、それで知りました。

すぐにホームページ等で調べて、迷いなく即FTWプレートを購入しました。

FTWプレートを使ってよくつくる私の定番メニューは、発酵あんこです（左ページ参照）。検索すれば、つくり方はわかりますし、正直、FTWプレートがなくてもつくることはできます。

ではなぜ、FTWプレートを使うかと言うと、素材や微生物を元気にしてくれますし、うまみ・味わいがアップ。おいしくなるからです。

よりおいしくて、パワーのみなぎる発酵あんこ、しかもお砂糖も使わないので、プレートをお持ちの方には是非お試していただきたいです。

夫と私はプレートをいつも腰につけています。パン屋は腰を痛めるので温めて身に着けるととても楽なのです。

お昼ご飯を温めるときなど、すぐに腰から出して、お皿の下に敷いて温めています。

[吉野夏子さんプロフィール]

FTW 酵素マイスター
月1回、酵素玄米・お味噌作りの講習会を開催。
2001年に秋田市でパン屋〝ご・ぱん〟を開業。
2021年に、あきたこまちグルテンフリー米粉パンのネットショップ開設。
〝ご・ぱんプレミアム〟
https://gopan-premium-akita.stores.jp

発酵あんこの作り方

材料
・小豆250g　・生麹250g　・お塩少々

①小豆を炊きます。
（指で潰れるくらい柔らかく）

②ゆで汁と小豆を分けます。

③炊飯器の釜に
小豆を入れ温度を約60度まで下げます。

④麹を加えて
優しく混ぜます。

⑤ゆで汁を加えながら
お好みの水分量に調整します。
※水分量は、ヒタヒタにせず、
けっこう少なめで大丈夫です。

⑥ FTW プレートを入れて
炊飯器にセットします。

蓋は開けたまま
濡れ布巾をかけて
約10時間置きます。

※5時間経過したあたりで、
混ぜてあげるとなおよいです。
水分量もそのときに
お好みで大さじ１～２ほどプラスしても○。

⑦炊飯器から出して
お塩を加えて混ぜます。

味見をしながら
お好みの加減で調整したら完成です！

★発酵あんこは
すり胡麻をかけてもとってもおいしいです。

★冷蔵庫で保存して
3日～4日以内に召し上がってください。

冷凍もできます。
自然解凍でおいしく召し上がれます。

私が感じるＦＴＷの魅力について語りだしたら何時間もかかってしまいそうなぐらい片時も離さず欠かせぬ存在です。

体と心、食べ物と環境を整えてくれて活性化してくれます。

ＦＴＷプレートは身につけることもできるし、食材を活性化したり、お料理にも使えます。特殊な力があってケミカルを軽減しうまみ&味わいも格段にアップするので、以前よりもお料理が好きになりました。スピーディーにおいしくできたら楽しいですから！

お料理にプレートを使わないことなどないのですが、具体的な例としては、

①野菜やフルーツは全てプレートを入れたお水に浸けて元気にしてから保存しています。

②ケミカルな素材はプレートにのせてから使用しています。

③お魚を焼くときは、プレートを敷いたりのせたりして焼きます。縮まず、ふっくら柔らかく焼けて高級魚のような味わいになります。

④揚げ物をするときにも必ず使います。揚げ物は、食べると胃がもたれて苦手でしたがプレートを入れると、カリッと揚がり、美味しくてもたれません。しかも油が酸化しないので、捨てずに注ぎ足して使っています。それでもおいしい揚げ物ができるんです。びっくりします。

⑤煮物もあっという間に火が通りますし、うまみたっぷりのおいしい煮物ができます。

⑥お刺身も食べる前にプレートにのせて、おいしさを楽しんでいます。

⑦お鍋のときにもプレートを入れておくと野菜もお魚もお肉も柔らかくうまみ最高のお鍋になります。その後のスープも滋味深い味わいとなります。

おにぎりのお皿の下にもしっかり
FTW プレートイン！

⑧プレートを直火で温めて、海苔をのせるとパリッとした食感と磯野の香りが最高の高級海苔に変身します。

⑨トースターや、オーブン、グリル、魚焼き器にもプレートを入れてパンや、おもち、グラタンなどを焼くとおいしさ、香ばしさがアップします。クッキーなど焼いてもよいですね！

⑩最近、私の流行りがふかし芋です。ふかす鍋にプレートを入れてじゃがいも、さつまいもを皮ごとふかします。なんとも言えぬおいしさです！

⑪酵素玄米だけでなく、白米を炊くときにも必ずプレートを入れます。入れ忘れたことがあって、おいしくなくて残念な気持ちになり、それからは絶対に忘れることはありません。プレートを入れると一粒一粒がふっくらしてお米の甘みがあっておいしいです。

⑫日本酒やワインもプレートを敷いてから味わいの変化を楽しんでいます。

FTW プレートを入れて
炊いた白米。
一味も二味も違う
おいしさになります。

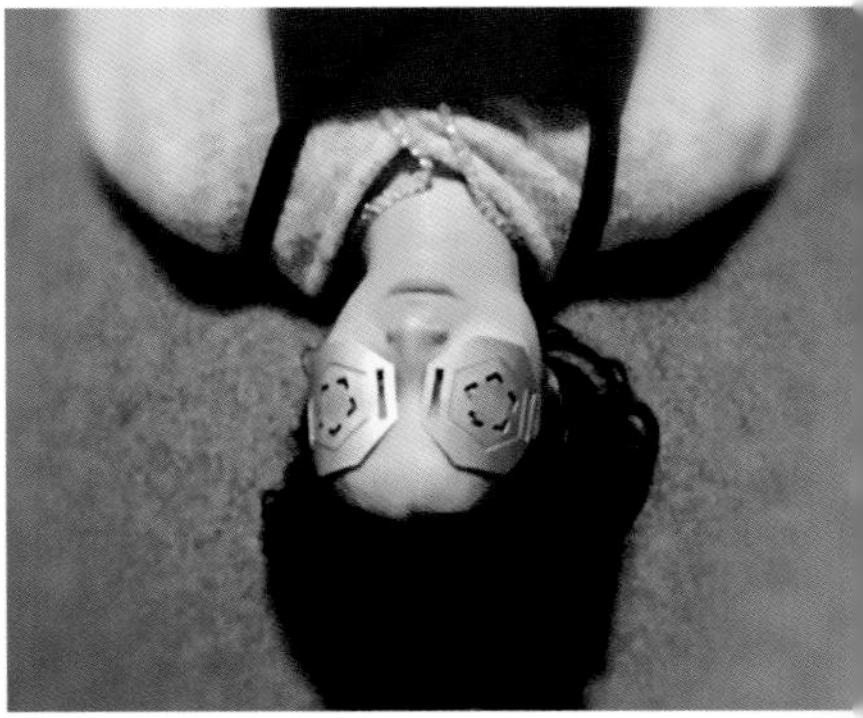

FTW G フォーグは、
優しいカーブがあって、
腕やふくらはぎ等に
フィットします。
事務仕事やパソコン、
スマホで目が疲れたりした
眼精疲労からくる頭痛のときは、
G フォーグを瞼の上にのせて休むと
疲れが取れ、頭痛も消えます。
（感想には個人差があります）

ＦＴＷがサーッとシルバーになる不思議な魔法！

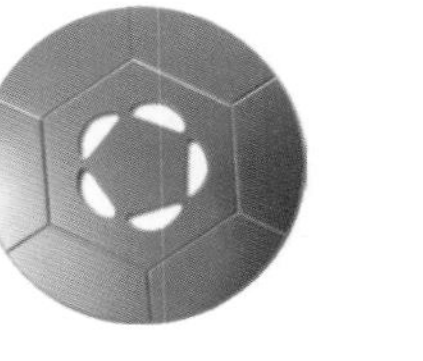

ＦＴＷプレートの色がゴールドからシルバーに変化することについて私の見解をお伝えします！

実はゴールドからシルバーに変化する理由は、誰にもわからないことなのです。

ＦＴＷはコーティングや色付けしているものではなく、六角形の結晶体が根を生やすように取り巻いて育っていき完成する大変時間のかかる、どこにもない技術です。

シルバーになるのは一瞬にしてなるとき、10年使用しても何ら変化のないもの、使う方によりさまざまです。

私の手元にある5枚のプレートのうち3枚がシルバーになりました。

喜ぶべきことと解釈してます。

お味噌は2週間かかるのが、5日程で出来上がり、シルバープレートを少し温めて痛みのある箇所に当てるだけでスゥーと痛みが軽減されます。ゴールドのプレートよりさらにパワーアップしていることがわかります。

どのタイミングでシルバーになるのか？

ごとくの上で直火で使用しているとき、その上に鍋や、やかん等何かをのせているとき、瞬間にシルバーになることがあります。

やったー♡と思います。

我欲や無理やりという気持ちは捨ててください。

自然にシルバーに変化します。

しかし、誰でもではなさそうです。

やはり、意識と連動していますね。

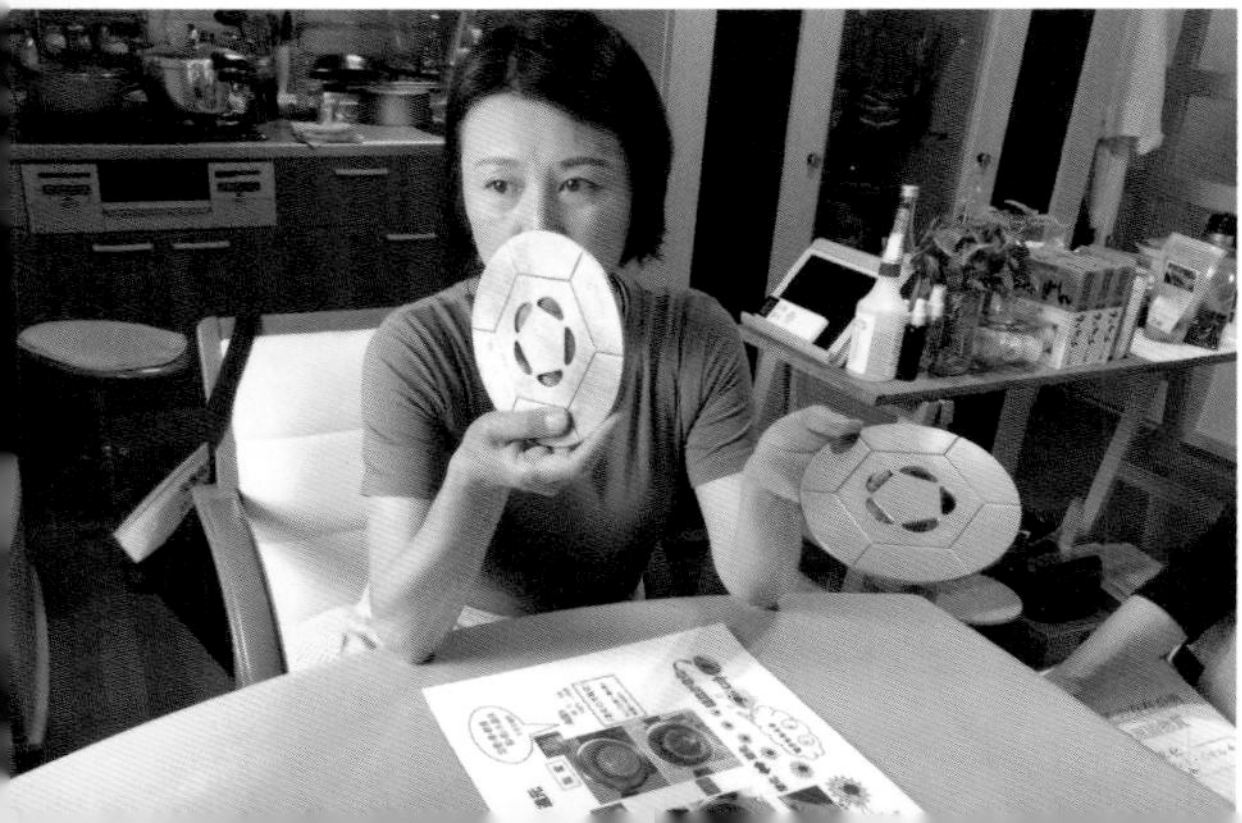

ぐにゃりと曲がったFTWシルバーは よりパワーアップヴァージョン！

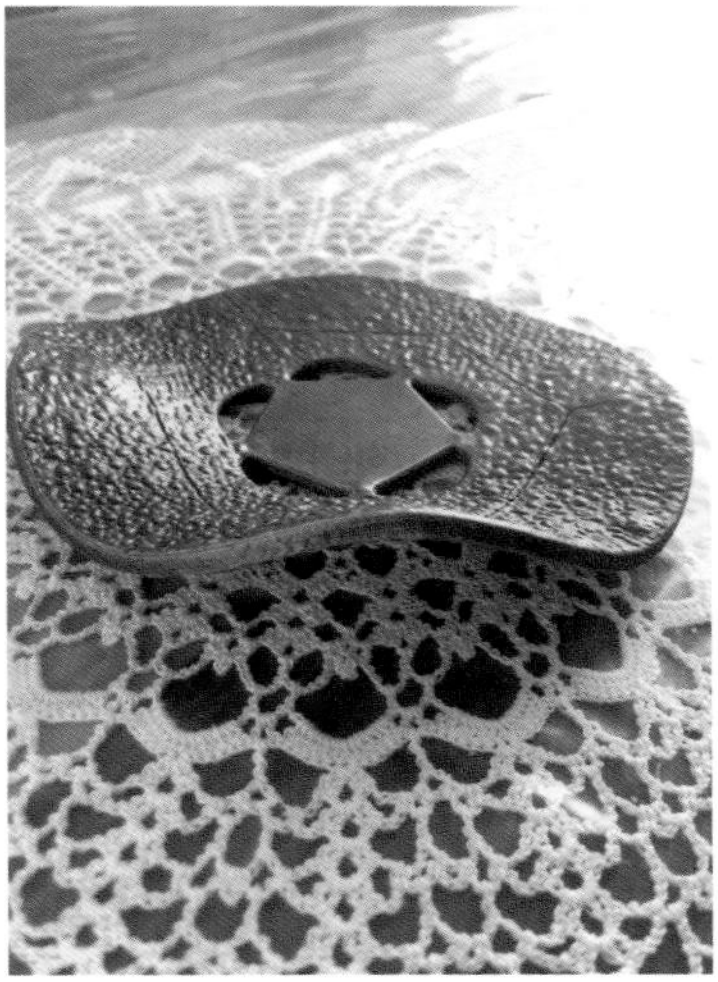

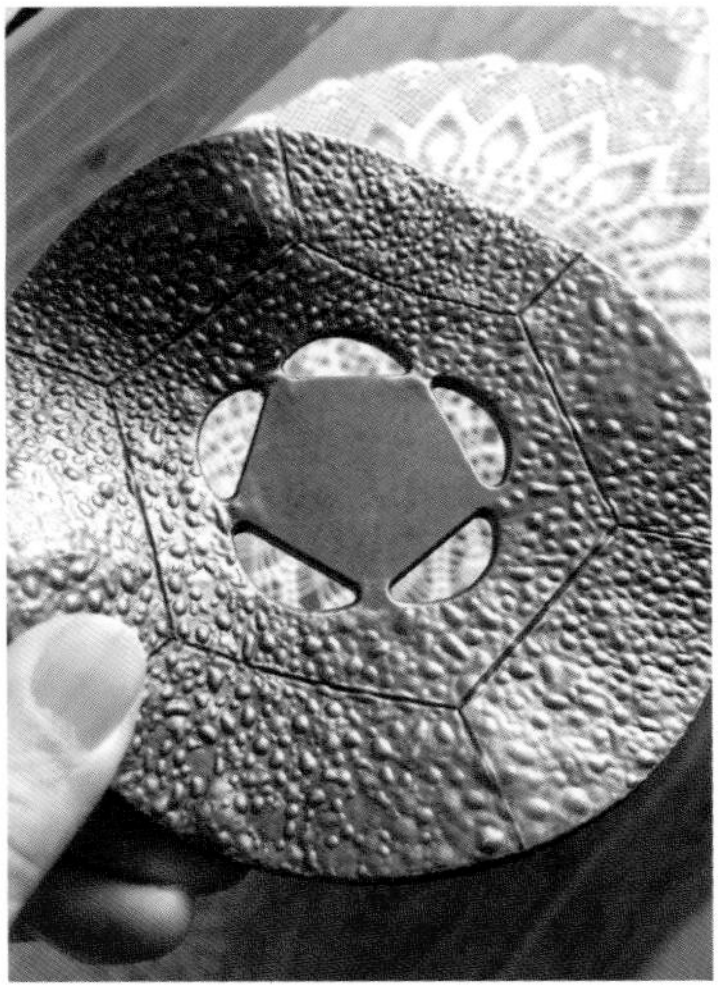

シルバーになったプレートがこちら。長く使っていてもシルバーにならない人もいれば、短期間でサーッと変わる人もいる。
左の写真はシルバーをさらに使い続けることで、表面に水泡のようなものが出たり、ぐにゃりと曲がる例。実はこちらはシルバーが、さらにパワーアップしたヴァージョンなのです。

※土鍋と鉄鍋の場合は遠赤外線が多く出るためプレートが割れたり溶け出したりする可能性があります。鍋の中に入れて使用しましょう。

エジプトのピラミッド内の写真に大量に出現したオーブはＦＴＷの形をしていた！

人生の大きな変化が起こっていた2012年、不思議な事がたてつづけに起きていた頃でした。

ロシアやアメリカなどで超能力関連の事に携わっていたある方に「エジプトに行きましょう」と誘われ、到着してから、『地球と自分を聖地に変えるあなたへ』（ヒカルランド）の著者であるキーシャと合流して旅の詳細を聞きました。

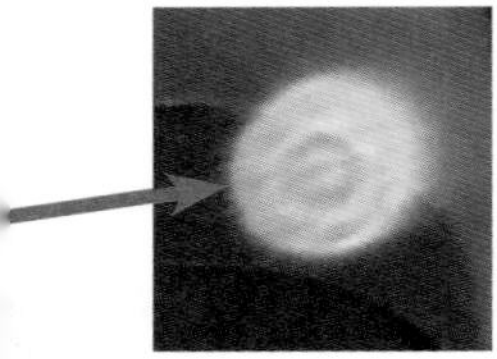

拡大すると本当にFTWの形にそっくり！すべてのオーブがこの形で写真に写っていました。

それは、世界各国から集まったメンバーで「人類が古代の真理と未知なる叡智を理解するために愛の意識へ移行できますように」と祈りを捧げ、古代先祖の神聖なエネルギー・グリッドを再集結されるための儀式をすることでした。エジプト国内の神殿や遺跡を巡礼し、グレードピラミッドで儀式をしました。ピラミッドの中で特別に写真を撮らせてもらえたのですが、たくさんのオーブで満ちていて、よく見るとそれらはすべてＦＴＷプレートの形をしていました。とても不思議な現象でした。

その時から人生は大きく変わってしまい、今は波動オペレーター、間脳活性セラピーをしながら地球惑星奉仕しています。

（体験者・槌谷 真奈美さん）

プレート
使用上の注意

鉄鍋

土鍋

FTWの
遠赤外線振動

ガス台の五徳
↓
プレート
↓
土鍋・鉄鍋

遠赤外線の出る土鍋等は
FTWと共振し強いエネル
ギーとなりこのような現象が
起きることがあります。
鍋の中に入れて使用しましょう。

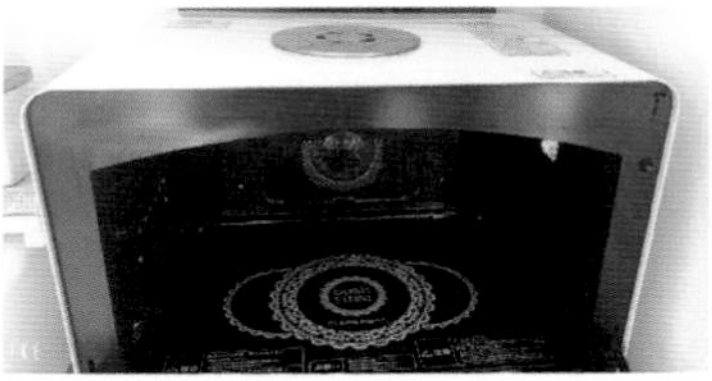

電子レンジを
使用する場合の
注意

電子レンジを使用する際は庫内ではなく上に FTW を置くことを推奨しています。中でも外でも同じ周波数です。

体調を整えるための
FTWの使い方!

FTW
ヘルスケア
編

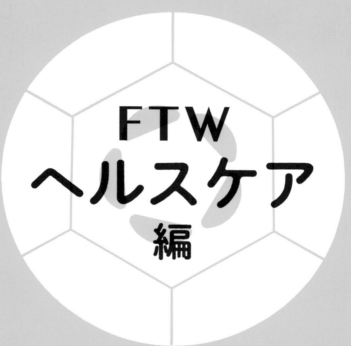

クレンジング&トリートメントとFTWフィオーラを使ってアトピーを改善

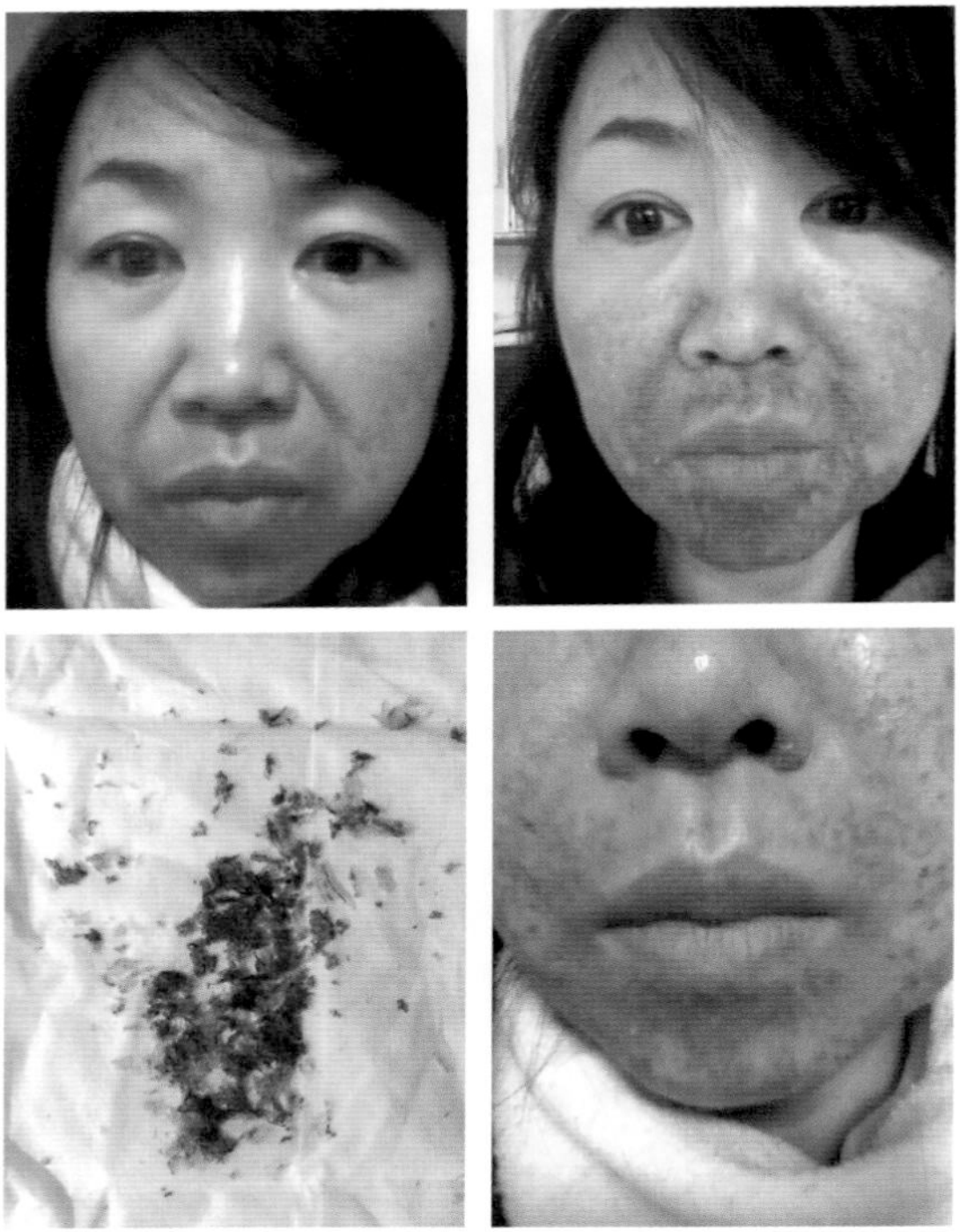

この方はお顔アトピーがひどかったのですが、クレンジング&トリートメント、イオニスジェルウォーター、フィオーラで毎日お手入れをしたことで、表面の皮が剝け、それを何度か繰り返した後、きれいなお肌を取り戻すことができました。

最後のお写真は落ちた古い角質です。

クレンジング&トリートメントは、お顔のお手入れのときと同じように、洗い流しの必要はありません。この方は日常的に使用されていました。ぜひ、お試しください。

クレンジング&トリートメントとイオニスジェルはFTWと同じ周波数で出来た還元力の高いお水と「稀《まれ》」が主原料です。

「稀」は、イタドリ、柿の葉、ヨモギの発酵エキスです。安心してお使いいただけます。

もっと知りたい！
FTW を使ったみんなのプチ健康法

草鞋の底に FTW フォーグをセットすれば、歩くだけでグラウンディング効果抜群になります！

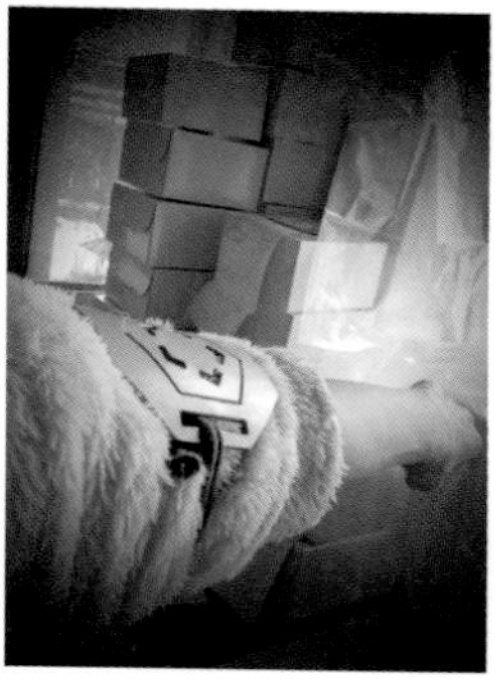

重たい荷物を運ぶときは G フォーグを腕に装着すると楽に腕が動きます！

エッセンシャルオイル「稀」をディフューザーに数滴垂らすと部屋中が自然のパワーで抗菌・除菌されてイヤシロチ状態に！

Before

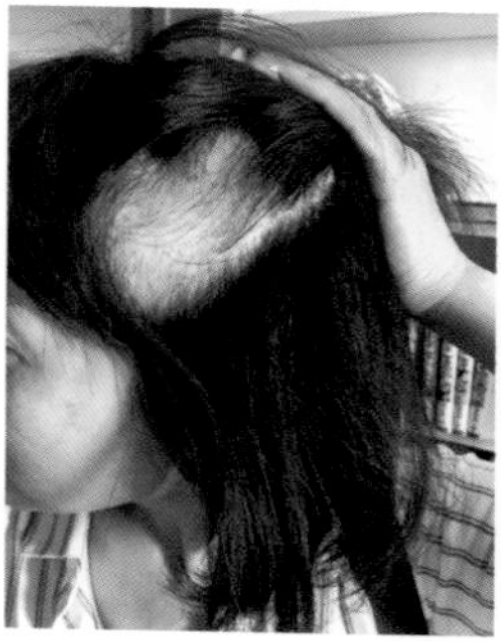

After

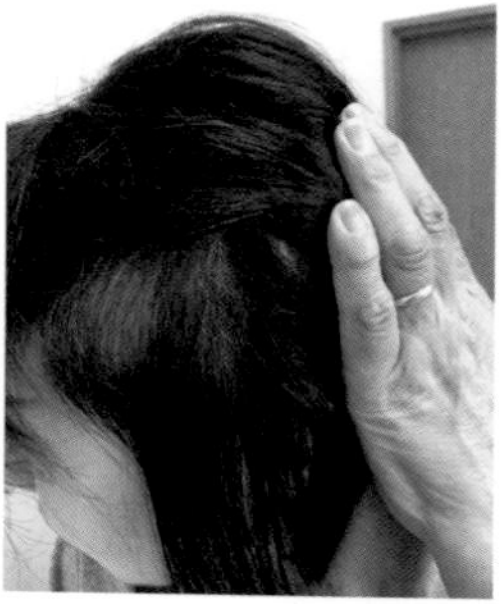

こちらはストレスからくる脱毛症に悩んでいた女性。
試しにクレンジング＆トリートメントをフィオーラにのせて幹部をコロコロと伸ばしながらマッサージを繰り返したところ、2カ月ですっかり元に戻りました！
医師からは治るまでに年単位で時間がかかると言われていたそうです。

ＦＴＷフィオーラとクレンジング＆トリートメントを使って電子誘導で細胞を蘇えらせる

Before

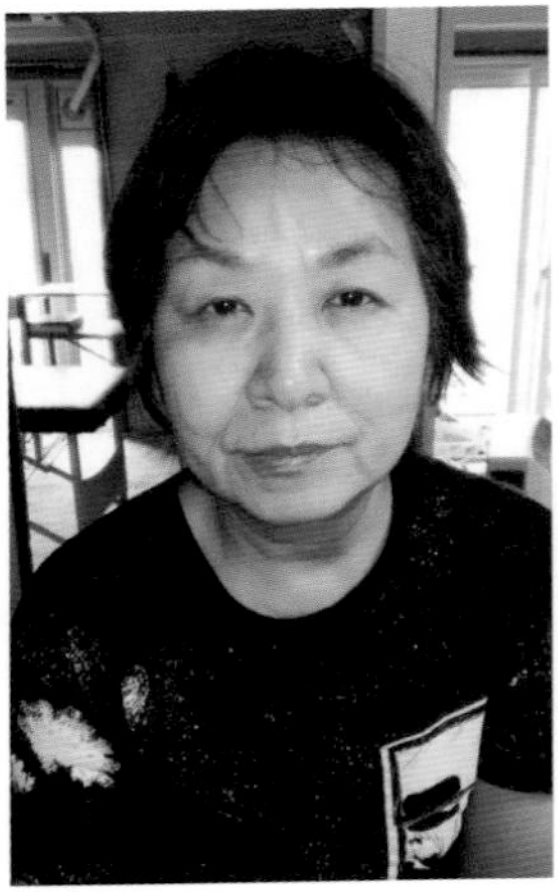

Before

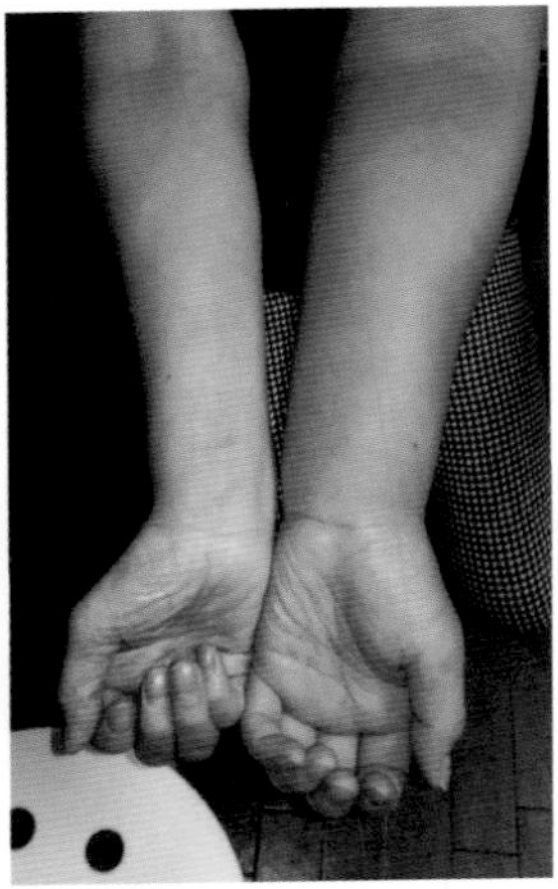

After

After

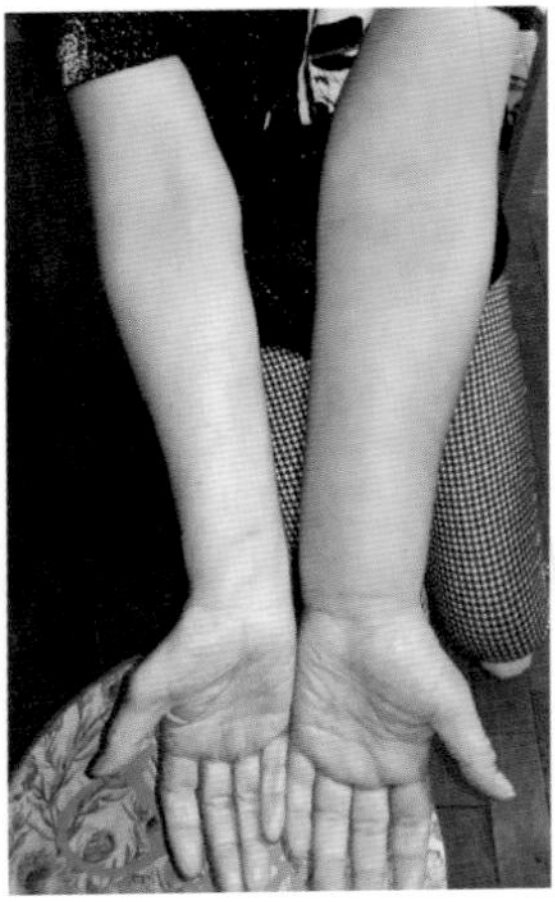

クレンジング＆トリートメントをつけてフィオーラでコロコロしたあとジェルを塗ることで、虫刺されが原因で腫れ上がっていた腕が快方に！　むくんでいたお肌もスッキリ！

抗がん剤で黒くなったお肌が
徐々に本来の肌色を取り戻していった！

Before

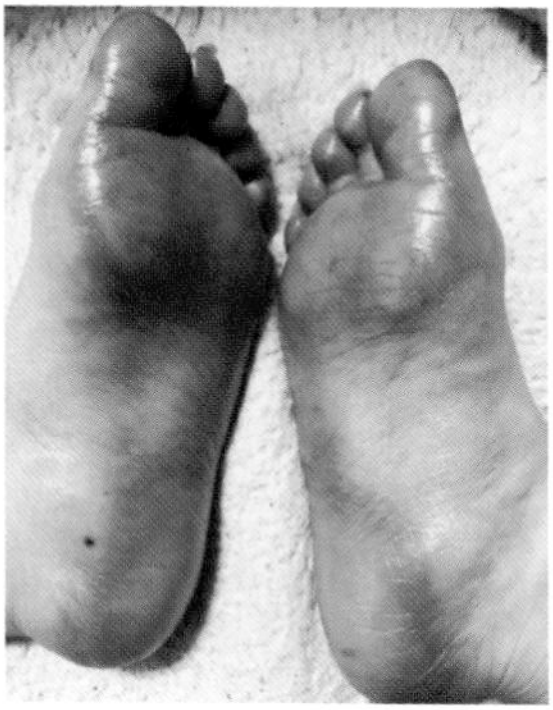

Before

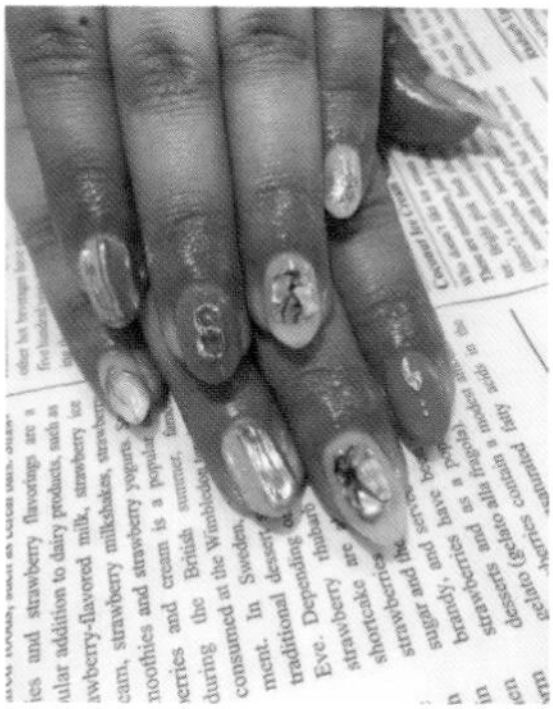

After

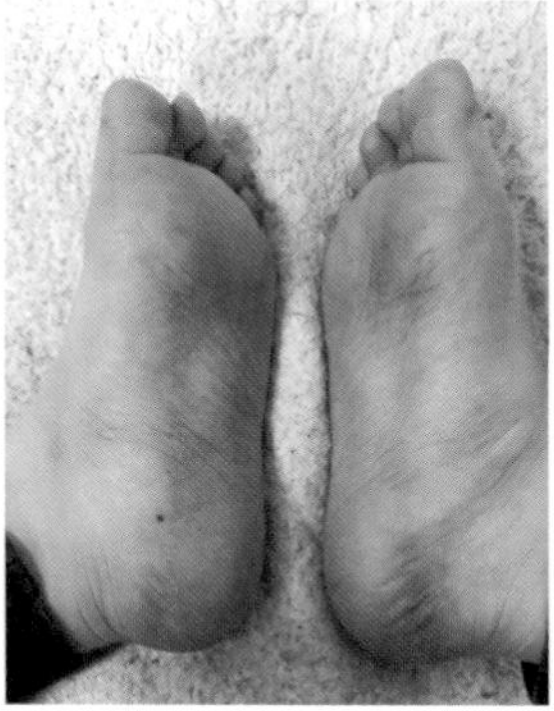

After

抗がん剤の副作用で
黒くなってしまった
足の裏や指先にも
クレンジング＆トリートメントを
塗り込んで
フィオーラでコロコロしたあと、
イオニスジェルウォーターを
うすくのばすことで、
ここまで皮膚の色に変化が！

敏感な動物たちほど
ＦＴＷのエネルギーを
キャッチしている！

FTW
ペット
編

エネルギーに敏感な動物たちはＦＴＷが大好き！
体にくっつけてのーんびりリラックス！

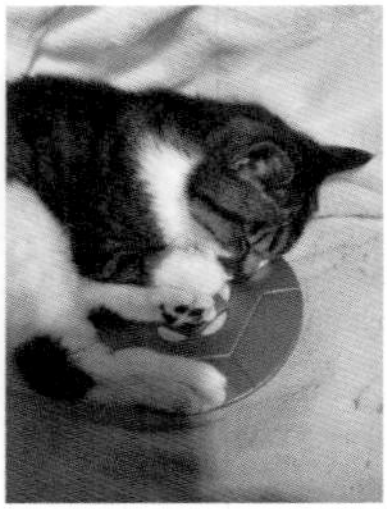

FTW の気持ちよさを一度知ってしまうと
手放せなくなってしまうペットたち続出！
体が悪かったワンちゃんやネコちゃんが
元気になったご報告もたくさん届いています。
動物たちはエネルギーにとても敏感だから
このパワーがどんなものかきっとわかるんですね♪

愛犬がFTW Gフォーグを装着しやすいように手作りアレンジ！

Gフォーグは
ぴったり小型犬サイズ！
ベルトをつけて
体に巻きつけたら
お散歩中でも
電子化でゴキゲン♪

おやすみのときにかけるタオルにGフォーグを仕込みました。プレートを枕にしてグッスリ幸せな寝顔♡

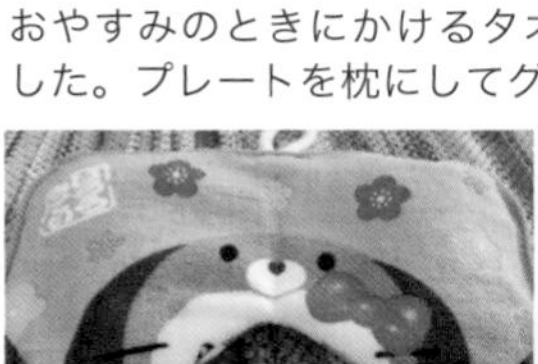

FTWペアフォーグを身につければ ワンちゃんネコちゃんも元気ハツラツ！

フィオーラ大好き♡
気持ちがいいんだもん♫
相棒犬ジジ（14歳 8 カ月）
ヨークシャーテリア♂
2020年 5 月に倒れて
余命 2 〜 3 日と
宣告されましたが
プレートやフィオーラの
おかげさまですっかり
元気になりました！
毎日お散歩にも行って
しっかり歩いてます。

ケイラは
2020年の 1 月に急性膵炎で
死にかけて以来、
気道が細くなってしまい
お水を飲んでも咳き込んでしまい
いつも苦しそうでした。
年齢は14歳ぐらいです。
ブリーダーが使い捨てた
保護犬なので
確かな年齢はわかりません。
フィオーラでコロコロも
していたのですが
首にペアフォーグを
ずっとぶら下げていたら
全く咳き込まなくなりました。

※ FTW ペアフォーグは2023年にメーカー製造販売中止となりました

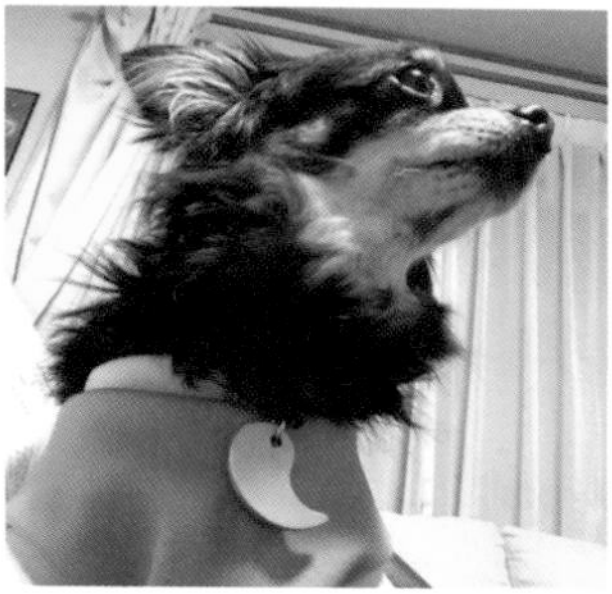

体の小さな動物たちには、
ペアフォーグでも
十分効果があります。
体につけてあげてください。

本誌に登場する
ＦＴＷシリーズがせいぞろい！

FTW
商品紹介

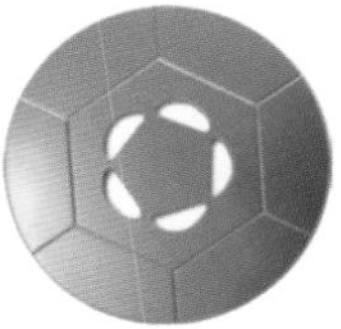

まずはここから知っておこう！ FTWシリーズの種類と特徴は？

電子（e^-）を集め遠赤外線を放射。命あるものすべてを守ります。電子リッチな身体へと変え細胞は元気に酸化や糖化も還元・抑制していきます。ＦＴＷセラミックスはコンプラウト社が開発した電子のエネルギーを生かした唯一無二の素材。シリーズには【フォーグ】【ビューラプレート】などがあります。

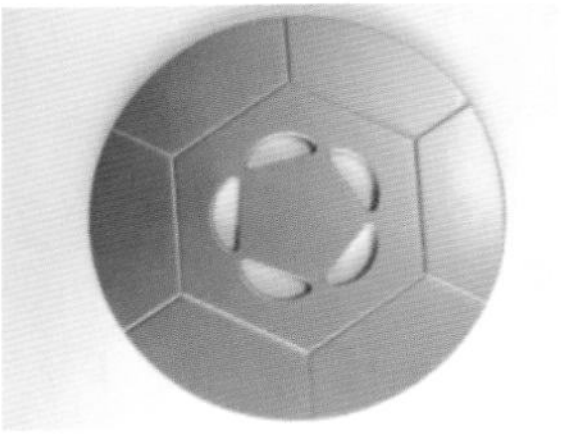

FTWビューラプレート

調理に利用するだけで食材は蘇り、カラダのアンチエイジング効果へ

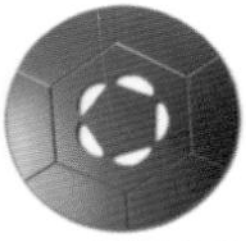

FTWセラミックス

FTWビューラプレート
税込価格 55,000円

・素　材：FTWセラミックス
・サイズ：直径14.4cm
・製　造：日本

FTWセラミックスの力で食の劣化を防ぐ

「FTWビューラプレート」は、調理のみならず生活の様々な場面でご使用いただける万能プレートです。

特殊なＦＴＷセラミックスを素材とし加熱調理による食材の劣化 ―「酸化」や「糖化」― を防ぐことができ、また直接人体にもご利用いただける、まさに究極の万能プレートです！

私たちが生きるために毎日取る『食』、食の三大栄養素は「タンパク質」「脂質」「糖質」ですが調理時の加熱により油が酸化したり（天ぷらを食べて胸がむかむかした経験はありませんか）煮物などの糖分も調理中に「糖化」という劣化が生じます。この劣化した脂や糖の過剰摂取が生活習慣病の増大やその慢性化で食とカラダの負の連鎖を引き起こします。でも、ビューラプレートを調理に利用するだけで食材を蘇らせて美味しくし、カラダのアンチエイジングに役立ちます。

比較実験をしてみました！

FTWビューラプレートの「抗酸化・抗糖化」実験

白砂糖を煮詰めると…

同分量・同時間煮詰めた白砂糖（糖分）

加熱すると糖は必ず茶色に変化（焦げ）しますが ビューラプレートを使用した鍋は透明色で、炭化しません。

FTWビューラプレートあり
水あめ状態で、固まらない。

焦げついて炭の固まり（炭化）。調理中に同様の変化が。焦げた糖がタンパク質と結合するとＡＧＥ（糖化）に。

マーガリンを煮詰めると…

同時間、同分量の脂質を加熱した例

調理で使う油は加熱すると酸化して普通は茶色に変化。でもビューラプレートがあると元の状態。全く酸化が起こりません。油は繰り返し継ぎ足しながら何度も使うことができます。油を捨てることが無く、環境を汚すことがありません。

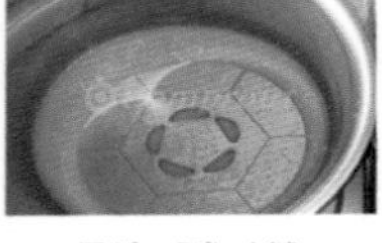

FTWビューラプレートあり
全く酸化せず。

酸化して、過酸化物に変質。体内で活性酸素と結合すると過酸化脂質に。排出されにくく、老化の原因といわれている。

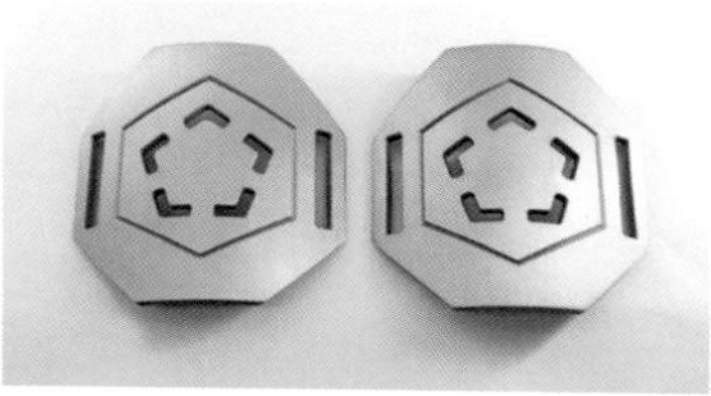

FTW G フォーグ

税込価格 2 枚組　33,000円（税込）

人間の身体にフィットしやすい黄金比の湾曲カーブを施した形状のフォーグ。肩や腕、脚など痛みやコリのある箇所にピッタリとはまり辛い症状を緩和します。

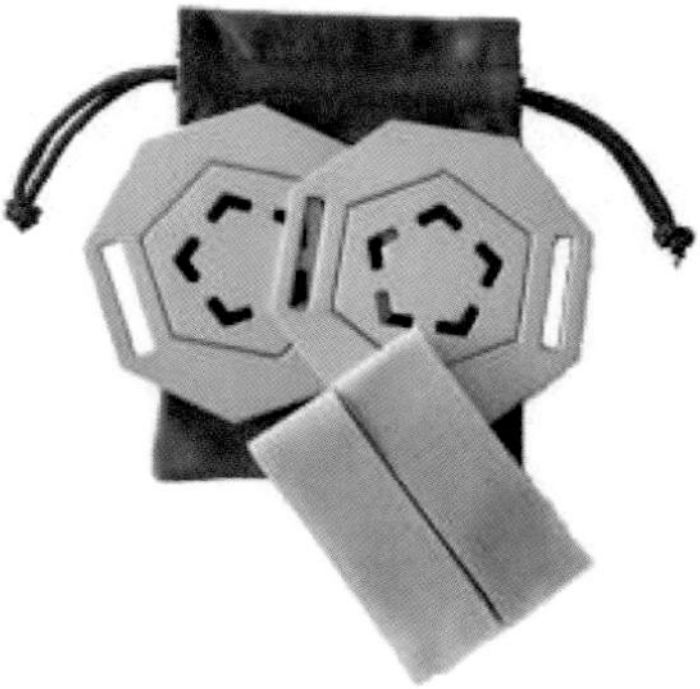

FTW フォーグ

税込価格 2 枚組　33,000円（税込）

日本サイ科学会を設立した故・関英男博士が推奨した両手振り運動に絶大な効果を発揮。疲れやコリ、デスクワークでの疲労も軽減できます。

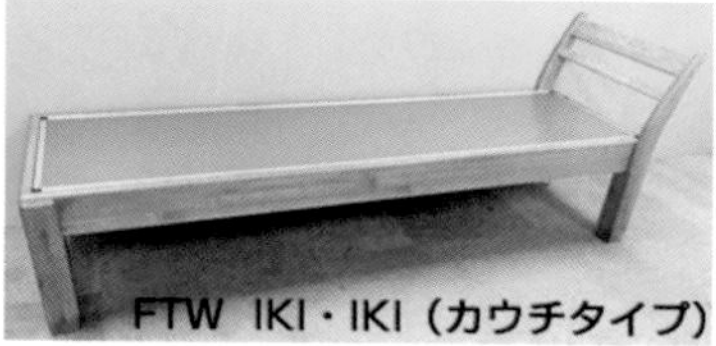

FTW IKI・IKI

税込価格 ベンチタイプ 919,600円（税込）

税込価格 カウチタイプ 927,300円（税込）

身体の広い範囲に電子誘導と遠赤外線エネルギー放射を受けられる究極の FTW アイテム。

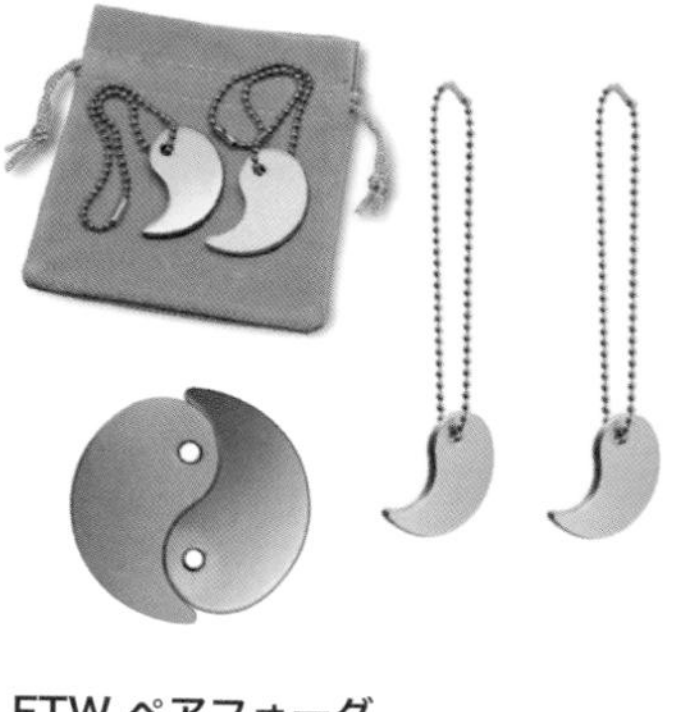

FTW ペアフォーグ

税込価格 2 個セット 14,300円（税込）

オシャレに FTW の宇宙エネルギーを取り入れる為に商品化された身に付けるアイテム。リンパの流れを促進し、驚くほどリフトアップも叶います。

㈱コンプラウトのホームページより　※商品のお問い合わせはヒカルランドパーク（☎03-5225-2671）まで

※ FTW IKI・IKI と FTW ペアフォーグは2023年にメーカー製造販売中止となりました

電子パワーでアンチエイジング！一度使うと手放せないＦＴＷの美容シリーズ

ＦＴＷフィオーラの効果を最大限に生かす為、全てに【稀】を配合したシリーズ。電子（e⁻）と大自然の恵みを余すところなく浸透させ身体の深いところから改善。プルンとした透明感のある肌を再生！　イオン導入と同じ原理が働き電源不要でいつでもどこでもコロコロして電子リッチなお肌へと導きます。

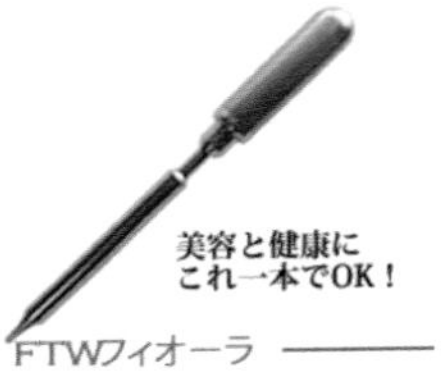
美容と健康に
これ一本でOK！
FTWフィオーラ

コロコロと転がすだけで瞬間リフトアップ！　コリや痛みのケア。ストレスの改善。

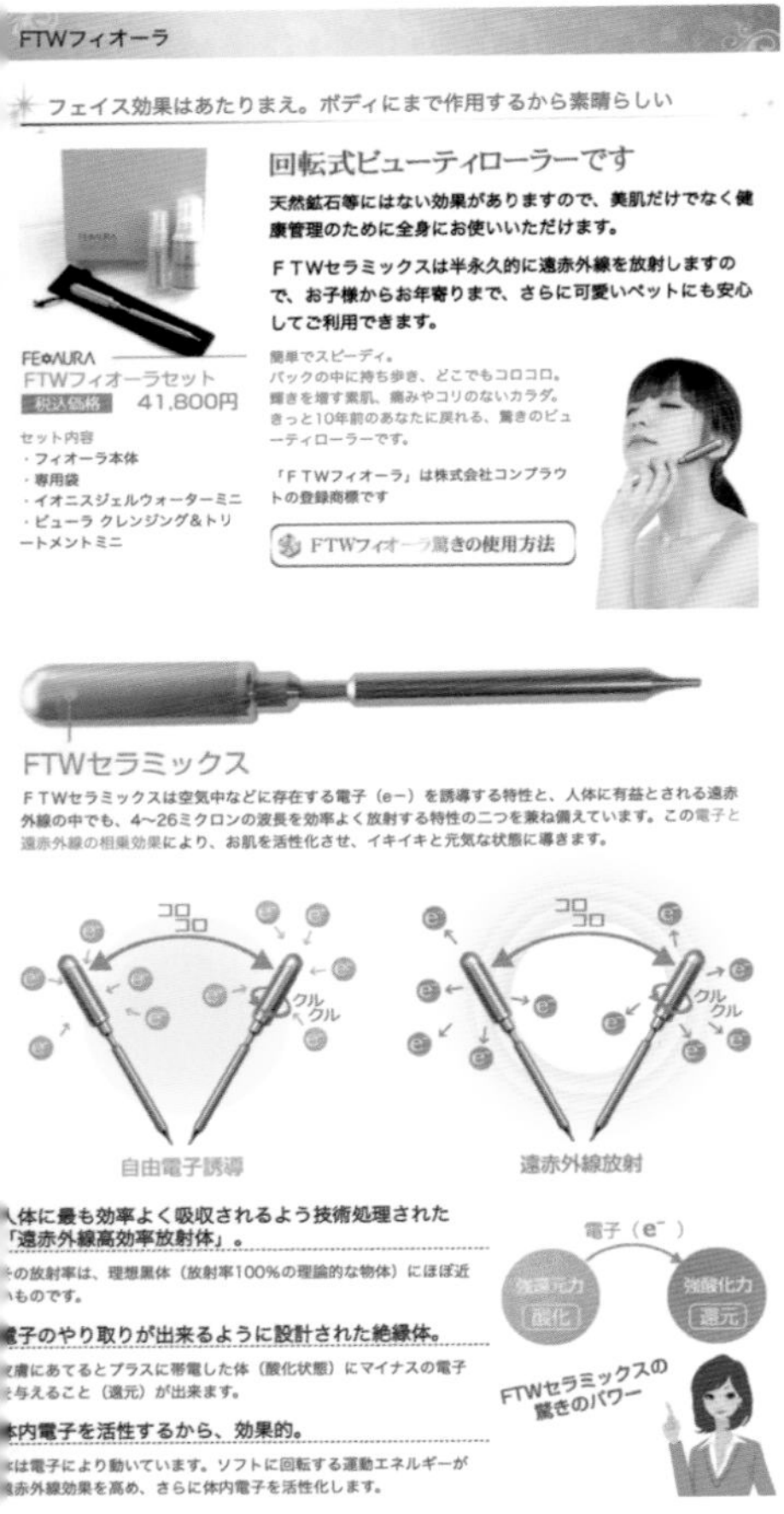

FTWフィオーラ

フェイス効果はあたりまえ。ボディにまで作用するから素晴らしい

回転式ビューティローラーです

天然鉱石等にはない効果がありますので、美肌だけでなく健康管理のために全身にお使いいただけます。

ＦＴＷセラミックスは半永久的に遠赤外線を放射しますので、お子様からお年寄りまで、さらに可愛いペットにも安心してご利用できます。

FE✿AURA

FTWフィオーラセット

税込価格　41,800円

セット内容
- フィオーラ本体
- 専用袋
- イオニスジェルウォーターミニ
- ビューラ クレンジング＆トリートメントミニ

簡単でスピーディ。
パックの中に持ち歩き、どこでもコロコロ。
輝きを増す素肌、痛みやコリのないカラダ。
きっと10年前のあなたに戻れる、驚きのビューティローラーです。

「ＦＴＷフィオーラ」は株式会社コンプラウトの登録商標です

FTWフィオーラ驚きの使用方法

FTWセラミックス

ＦＴＷセラミックスは空気中などに存在する電子（e－）を誘導する特性と、人体に有益とされる遠赤外線の中でも、4～26ミクロンの波長を効率よく放射する特性の二つを兼ね備えています。この電子と遠赤外線の相乗効果により、お肌を活性化させ、イキイキと元気な状態に導きます。

コロコロ　クルクル

自由電子誘導　遠赤外線放射

体に最も効率よく吸収されるよう技術処理された「遠赤外線高効率放射体」。

の放射率は、理想黒体（放射率100%の理論的な物体）にほぼ近いものです。

子のやり取りが出来るように設計された絶縁体。

膚にあてるとプラスに帯電した体（酸化状態）にマイナスの電子を与えること（還元）が出来ます。

内電子を活性するから、効果的。

は電子により動いています。ソフトに回転する運動エネルギーが赤外線効果を高め、さらに体内電子を活性化します。

電子（e⁻）

強還元力　酸化　強酸化力　還元

FTWセラミックスの驚きのパワー

ナチュラルウォーターファンデーション

税込価格　5,280円

稀水＋ミネラルの優しい新発想。カバー力と軽さを同時に実現したオイルフリーの肌がよろこぶファンデーション。

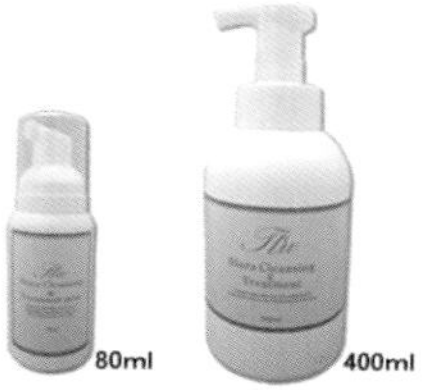

FE✿AURA

FTWフィオーラ専用

ビューラクレンジング＆トリートメント400ml

税込価格　6,050円

ビューラクレンジング＆トリートメント80ml

税込価格　1,650円

洗浄もトリートメントも１本で出来る！　フィオーラを最大限に活かすパートナー。

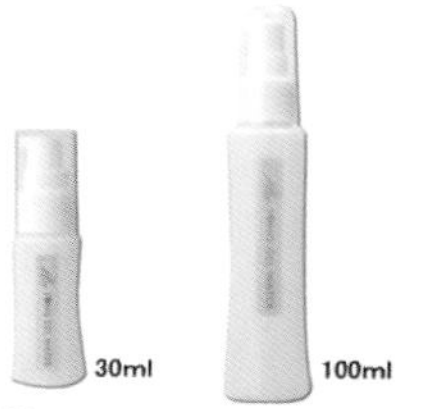

FE✿AURA

FTWフィオーラ専用イオニスジェル100ml

税込価格　4,950円

FTWフィオーラ専用イオニスジェル30ml

税込価格　1,980円

化粧水・美容液がこれ１本で！　殺菌・保湿効果に優れ年齢に関係なく安心して使えます。

日本古来の薬草による驚異のパワー

古くから薬草として使用されてきた「イタドリ」、「柿の葉」、「よもぎ」他数種類の植物成分を発酵させ独自の配合と製法で抽出した、植物成分100%の安全な溶液です。
古来から伝わる薬草と呼ばれる植物の持つ神秘的な自然のパワーを15年の歳月をかけ研究し、さまざまな試行錯誤を重ね誕生しました。

イタドリ

イタドリの名前の由来は「痛取り（いたどり）」の意味で、痛みを取るからとされています。擦り傷、切り傷などの皮膚疾患に絶大な効果があるとされ、柔らかい若葉を患部に塗布すると出血を止めて、痛みを和らげる作用があるとされています。

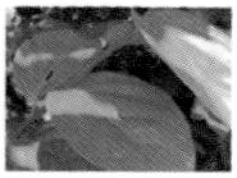

柿の葉

豊富なビタミンCが皮膚を殺菌し、さらに活性酸素の除去をする効果があるとされています。体を芯から温め、冷えからくる生理痛、婦人病、更年期障害、腰痛、神経痛、肌のかさつき、また痔にも良いとされています。（韓国に伝わる民間療法）

よもぎ

効能としては、肩こり、神経痛、しもやけ、痔、冷え性、腰痛、疲労回復に対する効果が上げられます。また、よもぎは擦り傷や切り傷の止血剤としても使用されてきました。これはよもぎの持つ強力な殺菌効果をうまく利用した例です。

天然保湿成分『復活の糖』とは

一滴の水で生き返る生き物『復活の糖』が持つ不思議な力

人間をはじめ生き物は水がないと生きられませんが、昔から完全にひからびて死んだ ような状態でも、水をごく少量加えただけで生き返る生物の存在が知られていました。（例えば砂漠に生息するイワヒバという植物や緩歩動物のクマムシ、酵母など） 近年になってこの「復活現象」は生物の細胞内にある糖であることがわかりました。 その糖こそ『復活の糖』なのです。

乾燥したイワヒバが給水２４時間後に変化！

『復活の糖』は水に変わって細胞を守る働きをしていると言われています。 だから別名「命の糖」と呼ばれています。

エッセンシャルオイル「稀」10㎖

税込価格　4, 400円

食器洗剤・霧吹きに数滴。驚くほどの消臭・除菌・化学物質の分解作用。

㈱コンプラウトのホームページより　※商品のお問い合わせはヒカルランドパーク（☎03-5225-2671）まで

健康にいつまでも若々しい自分でありたいと願う すべての方に捧げる宇宙からの贈り物「FTW」

FTW製品（Free-energy Technology Wisdom）が誕生したのは今から10年以上前のこと。グラビトン（重力波）などのエネルギー研究家として知られ、「日本サイ科学会」の会長などを務めていた故・関英男博士とご縁のあった佐藤じゅん子さんが、その研究活動や宇宙エネルギーに対する遺志を引き継いだことが始まりです。

そして、佐藤さんの強い思いが宇宙まで届いたのか、FTWの元となる素材がめぐりめぐって佐藤さんに託され、その後FTWセラミックスとして完成しさまざまなアイテムを生み出しました。このFTWには大きく2つの特長があり、使用者に次のような好作用をもたらします。

①電子（e-）の誘導体となる
関博士がご自身の著書の中で説明された理論をFTWに当てはめると、FTWは電子を誘導する媒体となって、氣やプラーナと呼ばれる宇宙エネルギー（重力波）を運んでくるということになります。

今の世の中はさまざまな要因によって電子が不足しやすい環境に私たちはおかれています。

電子不足は細胞を弱らせ、老化や病気を引き起こす要因となります。

FTWを日常生活に取り入れれば電子不足は解消され、電子リッチな体へと変わっていきます。

また、農薬や添加物といった化学物質による影響や食生活の変化などにより、私たちの体は酸化や糖化が進行し、生活習慣病などさまざまな不調を引き起こしやすい状況にありますが、電子リッチな状態はこうした酸化や糖化も還元してくれます。

②遠赤外線を含む立体波長の高効率放射体である
生命の維持・活性をサポートする波長である遠赤外線。

FTWはこの遠赤外線を含んださらに広範囲の立体波長を放射します。

この波長は人やペット、さらに発酵食品に含まれる微生物やソマチッドなどの体内の微小生命体まで、命あるものすべてに伝播し、体内の電子を動かして細胞を活性化。パワーアップさせていくことができます。


このように、いつまでも若々しく健やかに生きていくためにFTWは宇宙パワーで応えてくれます。

しかも手軽に使えて、半永久的に効果が持続するのでメンテナンスいらず。

宇宙から質の高いエネルギーをチャージし、マイナスなエネルギーは浄化。

そのエネルギーに満たされ続けていれば、周りから受けるネガティブな負のエネルギーさえ受けなくなるほどです。

FTWはあなたの健康、美容、さらには人生そのものを、確実に良い方向へと導いてくれるでしょう。

FTWスペシャルインタビュー

コンプラウト社 インタビュー

取材先・コンプラウト
佐藤じゅん子社長
林　弓紗先生
石井ルミさん

インタビュアー・ヒカルランド
高橋さやか
伊藤愛子
２０２０年9月18日

はじまりは『宇宙エネルギーの超革命』との出会い

高橋　ＦＴＷというセラミックの素材に出会って、このような商品につくり上げた佐藤社長に、素材との出会いや、なぜこういった形にたどり着いたのかをお伺いしたいと思っております。ＦＴＷプレートやフォーグは穴もあいていたり、それぞれが、不思議な形ですね。

佐藤　全部、エネルギーに関係する形状をとっています。もう25年以上たつと思うのですが、『宇宙エネルギーの超革命』（廣済堂出版）という本にめぐり合いました。もう絶版になっていると思います。

著者の深野（一幸）先生は工学博士ですが、この時代は、こういう本を書くとマッドサイエンスということで、おかしな部類に分けら

絶版となっている
『宇宙エネルギーの超革命』

れちゃうわけですね。

すごく納得したのは、人間というのは物質的なものと物質的でないもの、今だったら誰でも当たり前にそう思っているかもしれないけど、それでできている。例えば、医学は人間を肉体だけだと思っているから、物質的でないものを外して考えるからちゃんと治療ができないんだというようなことも確か書いてありました。

私たちが生きていくのには、食べ物から得るエネルギーと、全然違うエネルギー、空間にあるエネルギー、それを宇宙エネルギーと深野先生は呼んだんだと思うのですが、私たちが宇宙エネルギーを本当に取り込むことができたらこういうことができると書いてあったことが、ＦＴＷで全部できたんです。

これはうちの研修会のテキストには、この本『宇宙エネルギーの超革命』から抜粋した、宇宙エネルギーのさまざまな効果を載せています。私が研修会の参加者に発信するには、それだけの裏づけがないといけないですから。

高橋 この本からヒントを得て、佐藤社長はＦＴＷを開発されたんですか？

佐藤 素材を開発したのは私ではないのです。素材はどこからやってきたか、わからないのです。

高橋　それはどういうことですか？

佐藤　そのあたりを詳しく話すと差しさわりのある方たちもいらっしゃるのですが、言えることは、今は私の手元にＦＴＷがあるということです。

宇宙エネルギーを取り込む

佐藤　一番先にできたのはフィオーラです。その前にすでにフォーグが存在していたのですが、フォーグは船井（幸雄）先生の絡みで完成した商品です。私が本格的に仕事として関わって、つくり始めたのはフィオーラからです。この後にプレートができました。

フィオーラができたのは２００８年８月８日です。皆さんの手元に届き出したのはそれからで、２００９年から研修会が始まりました。

ＦＴＷに関わるにあたって、初めは、宇宙エネルギーという言葉は出しませんでした。その効果に自分の中で確信できるだけの裏づけと材料がそろわなかったからです。

だけど、4、5年して、特にプレートができてからはFTWの持つ力の、さまざまな部分がわかってきました。

例えば、これはたまたま弓紗さんのおうちで起こった出来事です（左・画像上下）。弓紗さんがびっくりして私にこの画像を送ってくれたのですが、植木鉢に新芽が出ていたそうです。旅行で1週間留守にする際、観葉植物だから、1週間、お水をあげなくても大丈夫でしょう。だけど、新芽が出ているから、元気でいてねと、植木鉢にフォーグを2つ置いて（左・画像上）、旅行に出たそうなんです。1週間後に帰ってきて見たら、新芽がこんなに伸びていた（左・画像下）。

留守にする前の様子

1週間後の様子

林　びっくりしましたよ。お化けみたいだった。新芽は若いから成長が速い。周りの葉っぱも大きくなっているでしょ。

高橋　お水をあげてなくて、この状態なんですね。すごいですね。

佐藤　こういうことがＦＴＷの特殊な効果の裏づけとしてどんどんそろってきたので、これは間違いなく宇宙エネルギーを取り込んでいるなと確信しました。それで、4、5年してから、今からだと6年くらい前から、宇宙エネルギーというのを表に出しました。それまでは効果の程を伝える際、難しい説明をしていたんです。結局、宇宙エネルギーがあるという前提で話せば、それを取り込むんだから、簡単なことなんですね。

もうその方は亡くなっているんですが、これがすばらしいものだと一番最初に気づき、20年以上研究された方がいたのです。私がそれを受け継いでいるというわけなのです。そのときには、今ＦＴＷに関してわかっていること程、多くのことはわかっていなかったんですね。所有者の皆さんが使いながらどんどんいろんな効果を見つけてくださったんです。

話が戻りますが、ＦＴＷを最初に研究されたその方は、物理学、数学に関して、日本のアインシュタインとかエジソンとか言われるくらいの天才的な人だったんですよ。そういう方だから、師事するこちらも理論で教わるわけです。これは、その方の人柄がわかるエピソードなのですが、私はその方、つまり先生から学ぶ際、一番最初に、「仕事とは何だ」と聞かれたんです。「えっ、仕事って?」、と多分皆さんが思い浮かべたようなことを私も思い浮かべたんですが、違うんですよ。物理的なことで、仕事とは何か、を問われていたのです。答えはE＝mc^2ということなんです。仕事量イコール、エネルギーなんです。私は2年くらいにわたってその方のもとで勉強させてもらったから、そういう物理的側面からのＦＴＷの知識をしっかりと身につけました。けれども、最初のＦＴＷの研修会はものすごく難しく、課題が残りましたね。受講者の皆さん、ＦＴＷがすごいのはわかるけれども、当時、効果を実証するような写真すらなかったから、何だかさっぱりわからないという感じで帰っていったんですよ。数学とか物理学とか、そういう方面から説明されてもわかりにくいんです。

そういう流れの中で、プレートができ、プレートのおかげで、油が酸化しない、糖が糖化しない、そしてお味噌の発酵に1年かかるのが2週間でできてしまうとか、いろんなことが実証としてそろったので、そのころから説明のためのボードを作成して出し始めたんです。

林　アナログでしょう。

佐藤　全く同じ話を毎回の研修でするわけじゃないから、アナログじゃないとうまくいかない。

　基本的に、FTWの特徴は、①特定波長の高効率放射体、②電子（e-）の誘導体の2つです。これは、先生が何十年もかけて得た研究結果を教えていただきました。電子というのは、ほかの言葉で言うと気とかプラナです。気は、気功の気、気がいっぱいあると元気、気がなくなると病気。プラナというのは、ヨガで、7つのチャクラから宇宙空間にあるエネルギーを取り込むのですが、宇宙にあるエネルギーのことをいいます。これは、イコール電子と捉えてもいいと思います。

　こういう言葉の一言一言に専門家の裏づけがありました。関英男博士と、気功の達人の佐々木の将人《まさんど》さんという方がいます。独眼竜で、目を片方ダメにしたすごい大先生で、植芝盛平さんの直弟子です。佐々木の将人さんと関先生が対談した本の中に、佐々木の将人さんは合気道ですから、「気というのは電子のことですね」と質問したところがあるのです。そうしたら、そのとおりですと。

関英男博士はグラビトンのことを研究している先生で、20年程前に亡くなられているのですけれども、ある分野でものすごく有名な先生で、日本サイ科学会というのを設立されました。サイというのは、サイキックのサイです。ギリシャ語で魂のことを指すみたいで、要するに見えない。まだまだこのときは超常現象とかそういうものは非科学的なものと言われていました。その時代に、初めて学会として設立したのが関先生です。

関先生の本はたくさんありますが、『宇宙学序章　グラビトニックス』（加速学園出版部）は最後のころの本で、先生が研究していたのは重力子グラビトニックス、グラビトン・エネルギーです。

林　社長は関先生の加速学園で学んでいたんでしたね。

佐藤　学ぶと言ってしまうと少し語弊があるかもしれません。厳密に言えばそこは学んだりする場所ではないから。

これは（『ザ・フナイ』を手に取りながら）舩

『宇宙学序章　グラビトニックス』

井幸雄先生に依頼されて書いたものですけれども、実はこのとき私は、その依頼を一度断ったんですよ。なぜかというと、私はＦＴＷの開発者でも研究者でもないから。だけれども、関先生との深いご縁があったので、何か意味があるのだろうということで、関先生のグラビトニックスと私たちの命ということで、２０１６年に『ザ・フナイ』に記事を書いたんです。

このときに私に執筆の依頼が来た理由には、２０１６年の2月に重力子がついに発見されたという時期だったということもあったようです。重力子と宇宙エネルギーは深い関係があるんですよ。関先生は、宇宙エネルギーが空間からやってくるということで、ＣＩＥ（コズミック・インフォメーション・エナジー）センターから電子が運ばれてくると。この辺は、その方面では素人の私の解釈ですが、私たちのもとになるエネルギーは、気とかプラナと言われているものと一緒で、それは電子のことを言うんだよということなんです。

一体この素材は（ＦＴＷとは）何だろうと研究すればするほど、こういう目には見

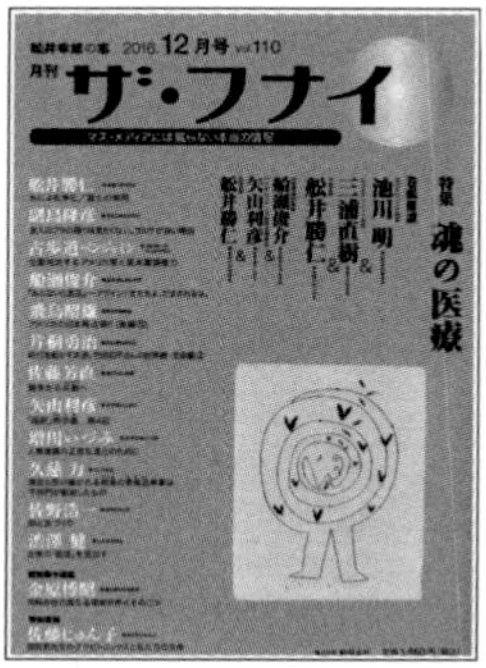

2016年12月号『ザ・フナイ』

えないエネルギー関連に行き当たり、十何年にもわたってそれらをずっとまとめてきたわけです。大体まとまったことを、今お伝えしています。いろんなもので調べて、ちゃんとした裏づけのあることをお話ししようと努力しています。

ＦＴＷからはある周波数が大量に出ているんです。つまり、特定波長の高効率放射体なのです。そして、空間にあるエネルギーである、電子の誘導体なのです。この2つのことがＦＴＷの特徴ですけれど、どっちも目に見えないでしょう。何で今までこの宇宙エネルギーがないとされてきたか。実際、科学の中で測れるのは、数字ははっきり覚えていないのですが、何ミクロンとすごく小さなもので、測れる限度を超えたすごく小さな粒子が電子です。それを関先生はグラビトン・エネルギーと表現していたと思うんですね。宇宙センターから送られるグラビテーショナル・ウェーブということです。

宇宙空間にこのようなエネルギーがあるらしいことは、ニコラ・テスラ以来、多くの科学者がわかっていたと書いてありますが、多くの科学者といっても、一部の科学者だと思います。ほとんどの科学者から否定されていることで、肯定されていない。

林　初期のＦＴＷ研修会は言葉選びが難しかったですね。

佐藤　私もどうやって伝えようかと思って、ずっとやってきました。研修会ごとにそのとき一番伝えたいと思うテーマで確証を得て話しているので、そのときはしっかり具体的な数値を覚えているんですが、日進月歩の世界ですから、数字とかうろ覚えですみません。

現代科学では、再現性のない現象とか全く説明できない現象はないものとして、真実として扱われないわけです。現代科学は、今現在、10^{-18}以下の素粒子の存在を全く検知できない。だから計測することができないんだというような、すごく小さなものです。

ＦＴＷの得意分野は免疫力強化と解毒

佐藤　結局、これ（ＦＴＷ）が何かということを突き詰めていっても簡単には答えが出せるものではないのです。だから、ＦＴＷで一体何ができるかということが一番大事だと思っているんです。これから誰かが研究の材料にするとか、これで何かを開発するとかではないから、そこのところを深く掘り起こしていくと、未知の分野になっちゃうわけですね。だから、そっちじゃない方向で、FTWが一体私たちのどんなことに貢献するのかを知っていただきたいですね。

FTWが一番得意なのは、免疫力強化と解毒なんですよ。

酸化とか糖化への作用は、実験で得られた資料がここにあります（P85・P78画像）。油が酸化しない、糖が糖化しないという結果が表れています。

油はそれが酸化してできる過酸化脂質、これがありとあらゆる病気の原因だと言われていますよね。

それから、糖質であれば、AGEという糖化物質が近年では問題視されて、取り上げられています。

これについては砂糖で実験したんですけれども、糖は劣化して糖化する。これが体の中のタンパク質とつながってできるのがAGEなんですよ。私たちは煮炊きをする段階で火を使うから、糖に劣化が起こるわけですね。そのことによって、体の中で糖の、糖化をまねく状態になってしまう。それが防げるということです。糖化した状態だとAGEが作られ病気になるけど、糖化してなかったら、それが原因での病気にはらないんです。

結論から言うと、FTWに期待できる効果は、酸化を止める、糖化を防ぐ、そして有機生命体の細胞の活性化です。有機生命体とは何かといったら、細胞でできていて、命のあるもの、寿命のあるものですね。人間、植物、動物、微生物です。微生物がこのエネルギーを得て、ある波長と合致すると、FTWの作用で電子を媒体として運ばれてくるわけです。それがたくさんあれば蘇生・還元、これが失われることによって酸化したり老化したりすることになるわけです。

例えば、完成に時間を必要とする味噌が何でFTWを使うとたった2週間でできる

白砂糖を煮詰めた実験例
上：FTW プレートなし
下：FTW プレートあり

のかといったら、味噌は微生物がつくるためだからです。微生物も有機生命体だから、電子を得ると元気になるということです。

お味噌の場合、発酵するのに温度が必要です。今ごろ（2020年9月）の温度でやると、2週間ではなくて1週間くらいで味噌ができちゃうんです。ということは、微生物が元気になるから、どんどん産めよふやせよとふえていく。それによって、1年間でやる仕事を2週間でしちゃうんです。

今、ほとんどの若い人たちはお味噌をつくらないでしょう。それと、1年分の味噌をつくらなくちゃならないとなると場所が要る。昔みたいに土間があればいいけど、今のようなマンションのライフスタイルの中では1年分を1度につくるなんて不可能なんですね。だから、味噌は買うものになってしまっている。だけど、お味噌づくりの工程でプレートを使うと、2週間もかからずに味噌がおいしくできちゃう。一度につくらなくていいということです。

高橋 そもそも、最初にこのプレートを使って味噌をつくろうと思われたのはどうしてですか？

佐藤 前出のＦＴＷを研究した方が、自分では料理をされないのですが、ＦＴＷが醗酵を早めるというのを、知識として共有してくれたんです。味噌も2週間でできちゃうのではないかというのをその方からチラッと聞いて、本当にできるのかなと思っていた。そうしたら、FTWプレートが出来てすぐに実際につくってくれた人がいたんです。

私はお味噌づくりなんかしたことがないから、つくれない。いつもお味噌をつくっていた人が試しにやってくれたら、本当に2週間でできちゃった。そういう流れです。

お味噌は、豆と塩しか使わないでしょう。豆を蒸して、塩と、あと、こうじ。こうじの中の微生物が働いて、お味噌にするわけじゃないですか。それが1年かかるのが、たった2週間でできる。エネルギーをどんどん取り込むことができる証拠なわけです。

ほかにもプレートを使った実験

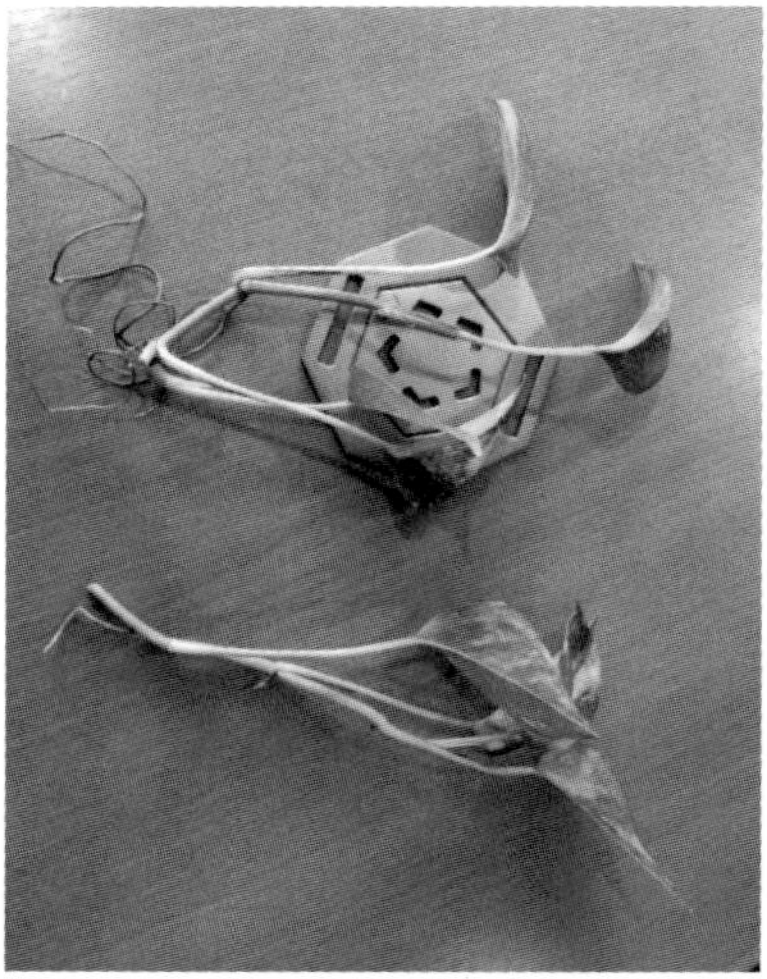

2週間後のポトスの様子
上：FTW プレートを敷いていたポトス
下：FTW プレートを敷いていなかったポトス

はいろいろしています。例えば、こちら（ボードの写真を指しながら）。

ポトスの葉をコップのお水に入れておいて、片方には下にプレートを敷く、もう一方は敷いていない状態で2週間観察します。すると、こんなに根の生育が違うんです。こういう結果の1つ1つが、ボードに書いてあることを実証していることがわかります。

宇宙エネルギーのさまざまな効果について、この本（『宇宙エネルギーの超革命』）からも抜粋しました。本当にエネルギーが取り込めているのか、目に見えないからわ

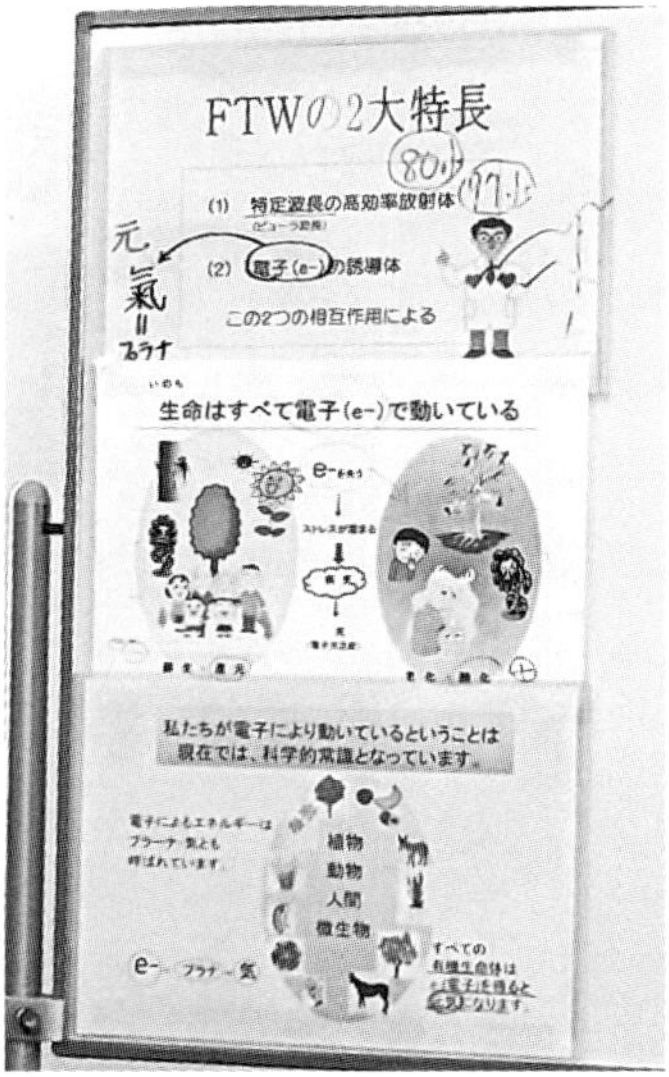

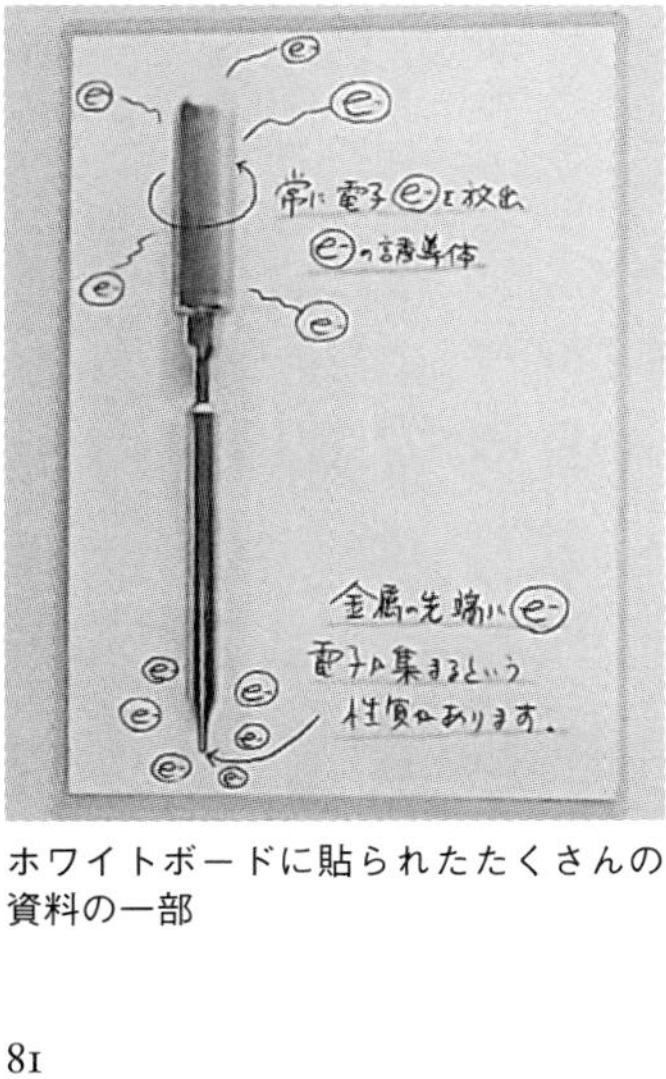

ホワイトボードに貼られたたくさんの資料の一部

からないでしょう。だけど、このボードに書いてあることは全部実証できているということで、何年か前から研修会の資料にも載せています。

最初は、全く未知の分野のものだから、話をするのに、科学とか数学の話を引っ張り出してきてするしかない。すごく難しい話をしていたんです。だけど、だんだん体験というか実証が出てくるわけです。特にプレートをつくってからは、油の中とか料理の中にも入れられるから、より多くの用途での実証実験が可能になり、証拠写真もふえ、間違いないなということになったんです。

林　つけ加えると、『宇宙エネルギーの超革命』に、宇宙エネルギーが取り込めたとしたら、食品が健康食品になると書いてあります。健康食品になるという意味は、プレートを使っているとわかります。添加物を除去したりする。

佐藤　最後までクエスチョンで、私は本音でしかしゃべれないから、今、弓紗さんが言ったように、「全ての食品が健康食品になると言われています」としか言ってこなかったんだけど、今は、それってどういうことだろうという謎が解けました。例えば添加物がいっぱい入ったコンビニのサンドイッチでも何でもいいですけれども、プレートの上に置いておくと、確実に変わっちゃうから、これを持っている皆さんは、添加物、化学性のものを分解するということは認識してはいたんですよ。だけど、私はまだ発表はできなかったんですね。

『宇宙エネルギーの超革命』の後ろのほうはもっと難しくなるから、研修会では引用しての話をしないのですけれども、本には、エネルギーが入ると、体内で原子転換とか元素転換のようなことが起こると書いてあるんですね。そういうことも起こり得るんですよ。その実証の裏づけになるようなものを、私はずっと探してきたんですね。例はいっぱいあるんだけど、資料がないことにはちゃんと話せない。そういう模索期間の中でも、実際に使ってみた方たちからすごい結果が出たと知らせがあるから、すごいものだなと思わざるを得ないということですね。

今、私たちの環境がものすごく悪いというのは誰しもわかっています。食にしても水道水にしても、保存料に関してのこととか。こういう環境にいる私たちがすごく病気になりやすいのは当たり前ですね。特に日本は放射線を浴びる率が世界一高い国と言われています。内部被曝のこともあって、それに関しては、先ほどの『ザ・フナイ』に書きました。その後に、内部被曝によって活性酸素がものすごくふえるということがわかったんですね。活性酸素がふえれば病気になりやすくなるし、ミトコンドリアに大きな影響を来《きた》すことが最近になってわかって、今はそのことをメインに研修会では話しています。

では、どうしたらいいか。今、環境はこうですよとか、いろんなことを言う専門家もたくさんいると思うけど、では、実際どうしたらいいのかということに絶対的な答えを見つけられる人は少ないと思うんです。それで迷った人はサプリにいっちゃったりする。そうじゃなくて、自然の食の中でＦＴＷがさまざまなことを解決してくれると私は提案したいのです。

高橋　食生活を変えることなく、これを取り入れたらそれで解決につながる。すごくシンプルなんですね。

佐藤　例えば、さっきお話しした実験の油は、かなりの高温で加熱して、酸化（劣化）しました。プレートを入れたほうは、同じ条件で全く酸化（劣化）しませんでした。

酸化とは、電子を失うことです。電子を得られると、還元するんです。

ＦＴＷは電子の誘導体です。電子というのは宇宙空間にあるエネルギーで、私たちは昔から気とかプラナと言ってきました。

そういう見えないものではなくて、これをもうちょっとわかりやすく言うと、FTWは電子の誘導体だから電子誘導するわけです。電子はすごく小さな粒子だから、計測ができない。だから、実験で確認するしかないんですが、今までずっとやってきた中で、間違いなく油は酸化しなかったのです。油が酸化することによって、体内で活性酸素と結びつくと過酸化脂質になって、あらゆる病気の原因になっていくというのは先程もお話ししましたね。私たちは、揚げ物を食べるときに、知らず知らずのうちに酸化した状態で食べているわけです。

油ものを連続して食べることはできないでしょう。胸焼けする。胸焼けは酸化なんです。FTWを使うと胸焼けしないから、連続しても食べられるんです。実際にFT

脂質を加熱した実験例
右：FTW プレートなし
左：FTW プレートあり

Wを販売する代理店で、FTW製品の効果を説明するのに、1カ月間、1日3食のうち2食を揚げ物にしてみんなと一緒に食べた人がいるんですが、全く大丈夫だったそうです。酸化しないんですね。

高橋　FTWで驚いたのは、プレートを出して酸化してしまった油でも再度プレートを入れれば、また酸化を防いでくれるという点です。それがすごいですね。

佐藤　それは不思議だし、なぜだかよくわかりません。

林　もう一度元に戻すということでしょう。

高橋　油がまた澄んでくるんですか？

佐藤　色自体が全部消えるんじゃないですけれども、プレートを入れて火にかけると、サラサラになる。これは何人かの人が実際に体験しているんですけれど、捨てようと思って置いておいた油に、プレートを入れて試しに天ぷらを揚げてみた。それも野菜の天ぷら。ちゃんと揚がって、おいしく食べられるんですって。信じられない話でしょう。プレートが入っていると、火にかけると油がサラサラになるんです。

林　酸化している油で保存してあっても、電子を失っていくから、また酸化するわけですよ。ところが、火をつけてプレートを入れた途端に、酸化が還元されるということとですね。

佐藤 その油は電子を失って酸化していたわけです。それが、プレートの作用によって電子を得るから、サラサラになっちゃうということですね。

高橋 それがそんな短時間で起こるということがすごく不思議ですね。

佐藤 もう一瞬ですから。

林 それは、プレートの電子誘導が強いということですね。

高橋 コンビニのサンドイッチもプレートに置いて10秒くらいで変化するという感じなんですね。

林 光ですから。

佐藤 周波数って、イコール光なんでしょうね。だから、不思議なことだらけです。

　普通だったら、こういうものを開発して商品化するときには全部その効果もわかってて商品化するでしょう。でも、ＦＴＷは商品になってから少しずつわかってきた。使った人にはなくてはならないし、日常の全ての料理に取り入れられるんです。今お見せしたのは糖化と酸化についてだけですが、そのほかにも効果があるんですよ。いろんなものの栄養価がふえるとか、そういうことも確認されています。

高橋　小松菜を、プレートを入れてゆでると、ちょっとゆで過ぎたかなと思っても、シャキシャキが残っていて、日もちもする。しなっとし過ぎていると、早く食べなきゃいけないんですけど、これを入れるとすごく元気で、しぼってから冷蔵庫に入れておいても、すごくもつんですね。いつまでもシャキシャキして、青々しい味がする。

林　お水自体が変化するんです。

佐藤　食材の中の水分も変わるんですね。生きているもの全部、時間とともに酸素に触れて酸化するわけじゃないですか。私たちは野菜とか、生きているものを食べるわけでしょう。電子を失うことで酸化するんだけれども、電子を得るから、酸化を防ぐことができる。だから、全ての食材を、新鮮で、すごくいい状態でおいしく食べられる。

プレートを入れると、食材のタンパク質が分解されるようです。タンパク質はアミノ酸でできているでしょう。アミノ酸はうまみ成分ですから、全てのものがおいしくなります。煮物とか、比べものにならないくらい、おいしいです。

高橋　火を入れると、赤外線効果みたいなことも起こるんですか？

佐藤　ここ（ＦＴＷプレート）から、遠赤外線の領域の波長が大量に出ています。

林 たくさん出ているから、高効率放射体というんです。本来、80％で高効率放射体と物理学用語で言うんですけども、ＦＴＷの場合、95％以上放射しているんですよ。食材が遠赤外線の波長を吸収してしまう。なので、食材は本当においしくなりますね。

高橋 これ以外に、ほかにそういったものには出会ったことがないですね。

林 ないと思います。私もびっくりしました。

糖化の実験は結果が一目瞭然！

佐藤 これ（Ｐ78画像）は糖化の実験です。お砂糖で実験しました。プレートを入れたのと、入れないのと、こんなに違うんです。プレートを入れたものは透明感がある。

高橋 白いお砂糖は絶対ダメとよく言われるけれども、プレートを入れたら、悪影響を与えなくなるのですか？

林 白砂糖の害はなくなるわけではないと思います。なるべくならいいお砂糖のほうがいいと思います。

佐藤　ただ、全ての食品が健康食品になるというのは、こういうことなんじゃないのかなと思っています。

これは30分近く煮詰めたものです。

高橋　カラメル状にならないということですか？

佐藤　そうです。焦げが起こらないというかね。

これ（P78画像上）はお砂糖が劣化した状態です。それを糖化というんですね。糖化したものと体の中のタンパク質、外でも同じですが、この条件がそろうと、AGEができるんです。AGEは美容の大敵と言われていますし、血管に蓄積すると、過酸化脂質と一緒に、ありとあらゆる病気の原因をつくるということです。でも、プレートを入れると、この本（『宇宙エネルギーの超革命』）の説によると、本当に取り込むことができたら、全ての食品が健康食品になるということだと思います。

薬の副作用が出にくくなる⁉

高橋 極端な話、毒をのせたらどうなるんですか。例えば青酸カリ的なものとか、どうなるのでしょうか。

林 実際にあった体験ですが、彼女（石井さん）は息子さんに持病があって、ずっとお薬を飲まなければいけなかったんです。

石井 2歳10カ月のころからステロイドをずっと飲んでいて、今も継続しています。今、息子は25歳ですが、2歳10カ月で病気を発症して以来、いっときはかなりの量を飲んでいました。入院のときは注射で入れるのですが、自宅で服薬の場合には錠剤のステロイド剤が処方されます。当時はプレートがなかったので、フォークの上に薬をのせて、いつも飲ませていたんです。

ステロイドの副作用の大きな特徴としてムーンフェイスというのがあるのですが、入院してステロイド治療をしているときは副作用で顔がパンパンになるんです。年齢にしてはマックスの量を飲まなきゃいけない。それが、錠剤で飲むときは、必ずフォーグの上にのせてから飲ませていたら、一切ムーンフェイスにならなかったんです。

2歳10カ月から成長期を挟んでかなり長い期間継続して飲んでいるので、小児科の先生からは、身長は恐らく150センチまでは伸びても、155センチにはいくかいかないか。それでもしようがないと思ってくださいと言われました。それは、成長期に、とってはいけない時期に大量のステロイド剤をとらなければいけなかったために懸念されたことでした。でも今、実際に172センチくらいはあると思います。

佐藤　結局、中学生くらいのときに、偶然にフォーグの上に薬の缶をのせることで発見したんでしたね、副作用が出にくくなるということを。

石井　最初、そんな効果があると知っててやっていたわけではなかったんです。子どもに錠剤を出してあげるのに、いつも台所に薬の缶を置いていました。フォーグを下に敷いて、その上に缶を置いて、そこから取って飲ませていたんですね。あるときに、あれっと思ったんです。今回、結構飲んでいるのに、顔、平気だなと思った。でも、そのときも全然気がつかなかった。入院したり退院したりする中で、薬の下にフォーグを敷けなかった時期もあって、もしかしてと気づけたんです。敷かないでいるときは結構ムーンフェイスになって、敷いてから飲ませるとそれが出ないなと。

高橋 中学生くらいから敷くようにしていらっしゃるんですか。

林 フォーグができたころだから、2005年くらいですね。

石井 小学校の高学年くらいですね。

林 石井さんはそのことをすぐ佐藤社長に言わないで、ずっと敷いた・敷かないの記録をとっていたんです。慎重だから。

佐藤 私は全然そのことを知らなくて、その話を聞いたときに、すごい朗報だと思ったんですよ。だって、薬の副作用が出にくくなるんですから。

私の友人の医学博士が講演会をするときに、必ず「クスリ」と書いて、「皆さん、これを下から呼んでください。『リスク』でしょう」という話をしていたんですよ。だから、すぐその先生にこの件で電話したんです。そうしたら、「佐藤さん、すぐにやめさせてください。副作用がなくなるということは、主作用もなくなっている可能性があります」と言われたんで、私も慌てて石井に電話して言ったんです。そしたら電話越しで彼女は落ちついていて、「大丈夫だよ」と言うんです。どうしてかと思ったら、1年間、記録をとって実験していたって言うんですね。

高橋　薬の効き目、効果は落ちていなかったということですね。

石井　飲んだり飲まなかったりできるお薬でもなく、毎日決まった量をきっちり飲ませている中で、それ（ムーンフェイス）が起こらない。けれども、状態は落ちついているということは、効き目はきちんとあるんだけれども、副作用が出ないということだと思いました。

佐藤　それがわかっても、みんなにすぐには言わなかったんです。やっぱり薬は命がかかっている人もいるから、大変なことなので。それでもその後も周りの人たちの口コミくらいの感じで、それぞれいろんな体験談が出たんですよ。抗がん剤の副作用がなくなったというお話ですとか。

高橋　抗がん剤の場合はその方はＦＴＷをどういうふうに使われたんですか。

佐藤　点滴をするときに、点滴薬をプレートで挟むとかそういった方法のようです。フォーグよりプレートのほうが効果が大きいですから。石井の息子さんのときはまだフォーグしかなかった。研修会を始めてから、プレートができたのです。

フォーグ誕生秘話～関先生と両手振り運動～

高橋 フォーグは、体に当てたりするだけのためにつくられたんですか？

佐藤 フォーグは船井先生と関先生のご縁があってこそ生まれたものです。関先生と船井先生はすごく親しかったんですね。船井先生は関先生から、事あるごとに両手振り運動をするように言われたらしいんですが、面倒くさいからしなかったんだそうです。関先生は95、96歳で亡くなられたんですが、70代でがんになったことが判明して、両手振り運動をして自分で治したんですよ。

フォーグは、その両手振り運動でより効果的にエネルギーを集めるためにつくられたんです。両手振り運動はもともとは達磨大師の易筋経の中に書いてあった健康法で、両足を肩幅に開いて、手のひらが向かい合うようにして腕振りをする。これを数千回やりなさいと。数千回と聞いただけでイヤになっちゃうでしょう。まあ1000回を朝昼晩やりなさいと。それでさまざまな病気が治ると書いてある。関先生はそれでがんを治したといいます。だから、舩井先生にも両手振り運動をやるようにと勧めたんだけど、やらなかったんでしょう。

たまたま関先生のお葬式のときに、私も参列したのですけど、舩井先生が友人代表で弔辞をのべられました。そのときに、関先生はたくさんのお知り合いがいるはずなのに、なぜ自分が友人代表に指名されたのかと舩井先生自身が身内の人に聞いたらしいんですね。そうしたら、関先生は、ちょうど親子ほど年齢が違うので、子どものように舩井先生のことを思っていて、大切にしていたという話を聞いた。その上で、舩井先生のことを「ただ、人の言うことをひとつも聞かないんだよな。両手振り運動をやれと言うのに、全然やらないんだ」ということを生前話されていたとご家族から聞いて、思うことがあったようです。そのお葬式の日から、舩井先生は両手振り運動を始めたんだそうです。

それがきっかけで生まれたのが「フォーグ」です。

高橋　それを使うと、手を振る回数が少なくても効果が高くなるということですね。

佐藤　電子誘導するから、回数が少なくても、100回で1000回やったのと同じになる。私も加速学園に行っていたので、関先生から聞いていたんですが、朝昼晩1

000回ずつなんて、聞いただけでもうやらないんですね（笑）。

高橋 一番最初の原点はそこだったんですね。

佐藤 それがきっかけでできたのがフォーグなのです。

フィオーラトリートメントの効果がすぐれもの‼

高橋 その後にこちらの形（フィオーラ）に着手されたのは、どうしてですか？

林 フィオーラは女性が喜ぶものとして考えたんです。

佐藤 実際の話は、ここの部分（現在のフィオーラのローラーにあたる部分）のものが会社に在庫で500本くらいあったんです。これはFTWだし、何かに使えないか。たまたま、人さし指を突っ込んでコロコロしていて、ああ、そうだとひらめいたのが、これです。

最初は顔にと思ったんですが、これをちょっと使ってみてと預けた相手がエステティシャンで、これで全身をコロコロしたら、すごく効果が出たというので、そこからフィオーラトリートメントが生まれたんです。

高橋　効果というのは、細くなったり循環がよくなったりするんですか？

佐藤　もちろん、それもありますし、痛みが取れたりとか、とても一言では言い切れないほどの報告があったのです。

最近で言うと、私が知っている方なのですが、その方は足がO脚みたいになった状態で固まってしまっていたんですよ。だから、足が曲がった状態でしか歩けない。その状態で座ろうと思ったときに、なかなか座るのも大変なんですね。太ももがカッチリ固まっているのですから。それが、1週間に1回のフィオーラトリートメントの施術で今は普通にイスに座ったり歩いたりしています。

林　足だけでなく、全身にするんです。

佐藤　ＦＴＷの特徴として、血流が一瞬にしてよくなるんですよ。私たちはそれがわかっているから、常に腰に下げています。フィオーラは回転のエネルギーを伴うので、まず一瞬にして表面のリンパの流れがよくなって、血流がよくなるんです。全身の血流がよくなってリンパの流れがよくなったら何が起こりますかということですね。

高橋　私も乳がんをやって、リンパを郭清《かくせい》しています。今、リンパ浮腫という病気でずっとフィオーラを使っています。不治の病というか、今の医学ではどうしようもないと言われて、スリーブするだけと言われていたんですけど、フィオーラを使い始めてから、リンパ外来に行ったときに、リンパって硬くなってくるから、固まって低反発枕みたいになっていたのが、大分やわらかくなってきていると言われました。

佐藤 服の上からコロコロするのですが、より効果的に使うには転がすときに、泡をつけるんです。これはクレンジング&トリートメント（P61参照）といって、そのまま、洗い流さなくていい。手荒れにも効くし、クリームにもなるから、これをつけてコロコロすると、電子の吸収力がすごくよくなるんです。だから効果が倍増します。

――実際にその場でクレンジング&トリートメントと共にフィオーラを全員で使用してみる――

高橋 爪も、ツヤツヤしてきています。

林 腕に泡をのせて塗ってから、コロコロするんです。

高橋 電子が入りやすくなるんですか？

林 水を伝って細胞まで届くんです。

佐藤 FTWの遠赤外線放射率は95％です。80％超えて波長が出ていると、細胞まで届くんです。ただ、水分があるのとないのとでは届き方が全然違うので、クレンジング&トリートメントをつける。この中の水は、ＦＴＷでつくった活水器を通っているんです。特殊な水で、ＦＴＷに関係している水です。

林　だから、すぐ使えるように、おまけにつけてあるんです。これの使い方をお伝えできないと本当にもったいないので、ＬＩＮＥで使い倒しグループをつくったんです。

高橋　フィオーラは美容系のものという固定概念があってか、ヒカルランド（グッズ販売）でもそんなに日の目を見てないんですよ。もっといろいろ使えるのにと思っています。

佐藤　フィオーラは全身に使うものですよ。

高橋　ローラー部分の先端は転がすだけでなく、ツボを押したりするのにも、すごく使いやすいんですね。

佐藤　押すときは、ＦＴＷ全体（ローラー部分）を持って先で押してください。細い方のスティック部分だけを持って押し続けていると、長く使っているうちに芯が曲がって、ローラーが回りにくくなってしまうんです。この回転は１／ｆゆらぎなんですよ。

林　1／fゆらぎが出るような設計になっているんですね。なので、回転させるときはスティック部分を持つ使い方でいいんですけれども、押す使い方の場合は、本体を持って押す。それで頭をゴリゴリするのもいいですよ。

高橋　私も、朝起きたら、ブラシをする前に、髪の毛にコロコロすると、きれいに、つやが出ます。

佐藤　目には、当てるだけでも大丈夫です。

ほこりが家の隅に集まるように、電子も端っこに集まる、金属の先端に集まるとい

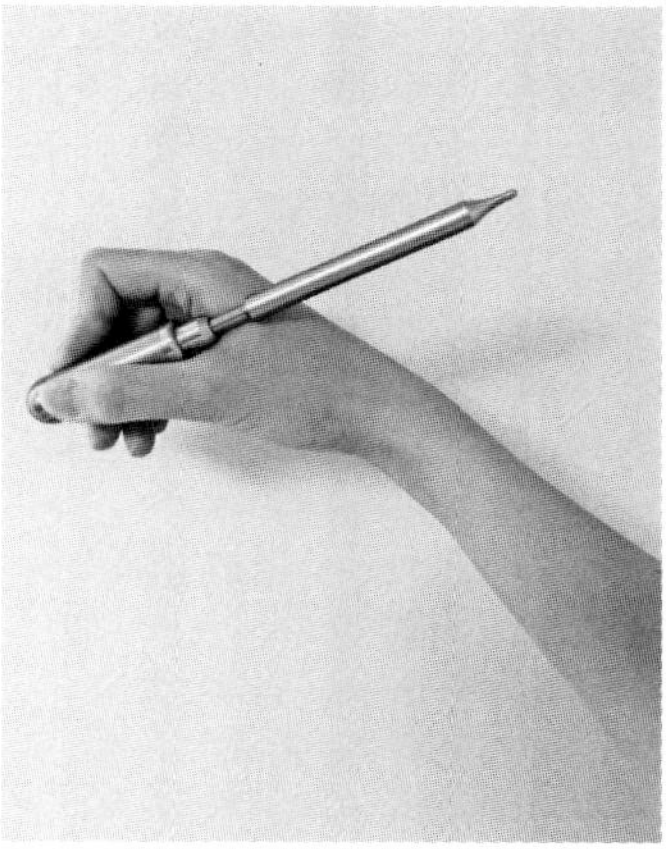

ツボ押しに使用する際の持ち方

ツボに当てる際の持ち方

う性質があります。素材からも電子を放出し、空間にある電子も誘導する誘導体なので、これ（本体の反対側の柄の先端）がアンテナのかわりになる。より多くの電子を集める形状をしているんです。

頭はツボだらけだから、ちょっと当てる。押さなくてもいいんです。当ててピピッと痛く感じるところは電子不足です。疲れているときは特に痛いんですね。目の真後ろに目のツボがあるんです。そこに当てるだけで、ビリビリッとすごく痛くなるところがあります。

石井　弱っているところを充電するような感じです。

ちょっと前に爪もみ健康法みたいなのがはやりましたね。それのかわりで、今度は柄の先端を使って爪の際《きわ》に当てておくだけでも効くんですよ。

林　このようにフィオーラは実はいろんなことができるんですよ。

伊藤　フィオーラが２００８年の８月８日に誕生したというのは意図的ですか。それともたまたまインフィニティ∞みたいなことを意識した誕生だったんですか？

佐藤　いつも不思議と偶然が重なるんですね。いろんな部分で偶然が重なる。

高橋　大きさとか形とかのアイデアも全部佐藤社長が考えたんですか？

佐藤 そうです。

高橋 すごいですね。美術のデザインをやっていらしたから、こういうことにも長《た》けていらっしゃるんですか？

林 そうだと思いますよ。

佐藤 1対1・168という黄金比は美術に携わっていた関係で知っていたんです。フィオーラは黄金比でつくるよう依頼しました。それでこういう形になったんです。フィオーラの中にはいくつもの黄金比があるんです。

コンプラウト社の設立とお二人の出会い

高橋 FTWを使い倒すということがこの本の目的です。フィオーラを持っているけれど、簡単な使い方しか、きっと皆さんはしていない。プレートを使って酵素玄米は炊くけれども、それ以外には活用できていないとか、フィオーラをコロコロすることはやっているけれど、爪周りに当てるだとか、それ以外の使い方は知らないという方たちに、もっと幅広く使えるということをご紹介したいです。それによって、持っていない方は、フィオーラ1本でそんなにも幅広く使えて、食品添加物による弊害の恐れがなくなるようなものだったら、一家にプレート1枚は最低でも欲しいと絶対に思うだろうと思ったので、それをご紹介したいんです。

佐藤 できれば全ての料理に使ってほしいです。

高橋 こういったものをつくった方はどんな方かなというのも絶対に知りたいと思うので、佐藤社長がどういう方かというお話を……。

佐藤 私は、変な人です（笑）。

高橋 今、お話を聞いていても、おもしろいです。

そもそも、コンプラウトという会社の名前自体が、集合体みたいな、皆さんで集まってフラットな感じで。

佐藤 プラウトというのは、プラウト思想からとりました。ラビ・バトラという経済学者が、ベルリンの壁の崩壊を1年前に予告した本を書いた。無名でしたが、それが当たったので有名になった経済学者です。その人が、その後にどういう社会が来るのかということを書いて、それがプラウト思想というのですけれども、今までのピラミッド型じゃなくて、共存・共栄・共生、こういう社会が来るよと。ラビ・バトラの本を読んで、私が次に新たに会社をつくるとしたら、絶対そういう会社をつくりたいということで、コンプラウトとしました。

高橋 そのころ、違う会社をやっていらしたんですか？

佐藤 仕事はずっとやっていて、改めて会社をつくるのに、会社名をそうしたんです。

高橋 2020年前後くらいから、皆さんが割とこういう目に見えない力のことを口にするようになってきましたけれども、大分早い段階でそういったことに着目されていたんだなというところも、すごく不思議な方だなと思っています。なぜそこに魅力を感じられたんですか？

佐藤 何でだろう。わからない。

林 私が佐藤社長と出会って、最初に伺って衝撃的だったお話は、佐藤社長がこの本（『宇宙エネルギーの超革命』）に出会ったときのエピソードです。二十数年前とおっしゃっていたでしょう。これが本屋さんにあって、タッタッタッと何も考えないで行って、パッと手に取った。そしたら、「地球を救う新発見」と書いてあったそうなんです。そこで次に仕事をするときは、地球を救うような仕事をしたいと思われたと言うんです。

佐藤　それは大げさで、みんなの役に立つ仕事をしたいなと。

林　それで、この本を何度も何度も読んだ。そしたら、ＦＴＷに出会った。

その話を初めて聞いたとき、すごく感動しました。

佐藤　本屋さんに何となく入っていって、真っすぐに行ったらそこに本があった。それで、買ってきたというのが本当です。

林　必然的にそういうふうなお役目なんでしょうね。

佐藤　そうしたら、ＦＴＷが私のところにやってきたんですね。

その前にもう１つ不思議な現象も自分に起こったりはしていた。それは特別なことではなくて、何だろうと保留にしておいたんだけど、それもＦＴＷにつながったかな。

高橋　それはお話ししないほうがいいことですか。ぜひお聞かせください。

佐藤　不思議なことが自分の身に起こって、いろんなことが怪しげだから封印しているんですけど、手をかざすと全部変わっちゃうんです。でも自分でもわからない。

仕事に行った先で朝食が出てきて、１人ですから、手をかざすと、やっぱり変わるんです。朝食のお味噌汁が変わったなんてこともありました。

前の仕事をしていたときに、終わってからミーティングをファミレスみたいなところでした。そのときに、見つけたのは今うちの代理店になっている人ですけど、私の前だけ、氷が解けちゃうとか、ビールの気が抜けちゃうとか、ワインの味が変わっちゃうとか、発見したんですね。

林 手で、人の痛みとかも取れちゃうんです。

佐藤 でも、それを言うと、結局、私がそういう能力を持った人になっちゃうと困るわけですよ。だからそれは封印しているんです。

林 でも、そういう方だから、FTWが来たということですね。

佐藤 実際にいろんなことがあったけど、それは全部FTWが私のところに来るというお知らせだったんだなと私自身は思っています。だって、誰でもプレートを敷けば変わるんだから。特殊な力や何かなんて要らないんですよ。そんなのは必要ないし、そんな能力は誰にとってもいいことなんてないと思うんですね。

林 それをお仕事にしている方もたくさんいらっしゃいますけど、社長はそこはしていなかった。人にも話さない。

佐藤 本当に身近な人しか知らないし、よっぽどじゃないとやらないしね。

林　私は命を助けられましたけどね。つい2、3年前の話です。

高橋　大病を患ったんですよね。

林　アナフィラキシー・ショックで。そばアレルギーです。3回目だから、危ないわけですよ。そのとき佐藤社長がたまたま一緒にいてくださった。あのままだったら死んでましたね。迎えが来ちゃったから。

佐藤　そのとき、私は全然意識して助けたわけではないから。助けている自覚もないんですよ。

林　私は前にも一度死んだのでわかるんですけど、光がバーッと来て、気持ちよくなっちゃう。そしたら、もっと濃い光が目の前に来た。怖くなって、薄目を開けたら、社長の手が見えた。ああ、助かったと思った。これが来なかったら、大きな光のほうに行ってて、そのままでした。最近の話ですよ。

石井　2、3年前ですかね。私もその病院にいたんです。一緒に救急車で行って、救急外来だったんですけど、担当の先生が「血圧が、44くらいで、かなり厳しい状態です」と言われたのを覚えていて、私はドキドキしたんですけど、社長は「ああ、そうなんですか」なんて、全然（笑）。

佐藤 私は血圧を測ったこともないし、44というのがどういう状態かもわからないから、「ああ、そうですか」と。

石井 無意識で、手はかざして。

林 1人だったら、行ってたなと。そんな経験もあります。

高橋 そこで弓紗先生がお迎えに乗っていたら、この本ができることもなかったですね。私とも会ってないし。

佐藤 でも、そんな話は書かなくていいと思うんですね。

高橋 手をかざして起きていた現象と同じことができるようになっているということですね。

佐藤 そうですね。だから、FTWがやってくる前兆というか、お知らせだったんだなと私は捉えています。

高橋 悪用しない方のところに来るんでしょうね。

林 出どころが違うんだと思いますよ。そういうところに託されるんでしょうね。

商業ベースでやろうとすると、ことごとくうまくいかないんですよ。

佐藤 そうなっちゃうのはイヤだなという気はすごくします。

林　とてもすばらしいと思って、一人一人に使っていただきたいですね。私も、売りっ放しはイヤだったので、使い倒しの本ができて、皆さんにそれを手にしていただいて、知らなかった使い方もプラスして活用していただければ、本当にうれしいですよ。

高橋　ＦＴＷでこんなことが起きたよと言われると、やってみたくなりますね。

佐藤　会社側から、こういう実証があって、こういうデータがあって、こうですという話じゃなくて、実際に使った人の側から、こんなことができた、あんなことができたというほうが、絶対いいと思います。

高橋　そもそも弓紗先生との出会いはいつだったんですか？

林　２００８年ですね。私も船井先生にご縁があったので、お話し会にご招待いただいて、そこからです。フィオーラが完成したときだったので、手にして、びっくりしました。すごいものを手に入れちゃったと。

でも、そのころは代理店システムとか、まだ何も決まってなかったんです。代理店になるにはどうするみたいなことは、そこから決めたんですね。

佐藤　まずは在庫の５００本を役に立つものにしたい。貴重なＦＴＷだから、無駄にするわけにいかないから。最初はその５００セットで終わるはずだったんです。何も考えてないから、とにかく無駄が出ないようにつくっただけ。でも、つくるんだったら、いいものをつくろうと思ってやったら、こういう形が出来上がったんですね。

林 代理店になるには何十セットにしようみたいなことで始めたんです。

佐藤 お仕事するんだったら、最初に何十セット買ってくださいみたいな感じからスタートしたんです。まだ販売の仕組みができていなかったから。

林 それから研修が始まった。最初から学ばせていただいているんです。難しいところから入ったんですね。今のような形の研修会ができるようになるとはびっくりです。プレートができてからは、見せ方が簡単になりましたけどね。

佐藤 証拠写真がいっぱいありますから。

高橋 証拠画像も動画もありますね。ワンちゃんのとか、すごいですね。プレートを離さないですね。

林 動物はよくわかりますね。

それから、髪の毛がストレスでツルッと抜けちゃって、年単位で時間がかかると言われた人が、2カ月で髪がちゃんと生えてきたんです。

高橋 プレートを当てていたんですか？

佐藤　クレンジング&トリートメントをつけてフィオーラをコロコロしたんです。本人のメールを転送してくれて、「お医者さんに、治るのには年単位で時間がかかると言われていましたが、2カ月足らずで治りました。治る前に完璧に抜け落ちて、ツルツルの状態までいって、復活しました」と。
　これはすごい朗報だと思いましたね。

エッセンシャルオイル「稀」は植物の波動を取り出した特殊なエキス

高橋　「稀《まれ》」は、弓紗先生からFTWの液体版ですと聞いたときに、すごい衝撃的だったんです。不思議なエッセンシャルオイルで、普通のものではないなと思った。水で割ってスプレーボトルに入れるだけで、何でこんなに心地いいんだろうと。これを持ち歩いて、知り合いの方に貸してあげたりしているんですけど、みんな気持ちいいから欲しいと言います。

林　クレンジング&トリートメントも、イオニスジェルウォーターも、「稀」が主原料です。共通のものですね。

高橋 ファンデーションもそうなんですね。

林 ファンデーションも「稀」でできています。皮膚呼吸を止めないで、いいでしょう。

高橋 すごく気持ちがいいですね。

林 社長がつくられた、コンプラウトのオリジナル商品です。

高橋 エッセンシャルオイルで体にいいものを配合してあるものはたくさん出ていると思うのですが、「稀」は別格だと思うんです。何なんだろうと思って、すごく不思議です。

佐藤 「稀」は、日本中のどこの山にもあるイタドリ、柿の葉、ヨモギを発酵させたものから取り出した。普通だと成分ですが、成分としてではなく、全体の植物信号として取り出した、世界でも類を見ない、特殊な発酵エキスです。

発酵させるときは、多分お茶のように、植物の発酵液だから、茶色いと思うんですよ。それが、ある比率でブレンドすると、透明になる瞬間があるんです。透明になると、驚異の抗酸化力が得られます。

この成分をパウダー状にして、豚肉と一緒に食品の保存用ポリ袋に入れて実験すると、豚肉が50日で全く違ってしまう。要するに酸化しないんです。驚異の抗酸化力です。

酸化って何だったか、思い出してみてください。

高橋 電子がいなくなっちゃうこと。

佐藤 そうです。だから、ＦＴＷと同じ効果がある液体状のものです。周波数が同じで、電子の誘導体です。

高橋 それは偶然ですか。

佐藤 偶然に。

原液は商品にならないですから、針葉樹の葉っぱを主に、自然のものを搾っただけの精油をちょっと足して製品化したのが、エッセンシャルオイル「稀」です。「稀」を出したいから、製品化するために精油類を加えたんです。

林 「稀」は無臭です。

佐藤 消臭・分解、空気の浄化、汗の臭いを消すとかね。これはデータがありますけれども、一瞬にして消しちゃう。合成化学成分じゃないから、安心でしょう。人工的なものを使うのは、なんかイヤじゃないですか。

消臭できるということは、抗菌作用もある。アルコールの除菌スプレーをシュッシュッとやっていると、手荒れで大変なことになる。だから、かわりに「稀」を水で薄めて持ち歩いているんですね。

私が商品化しようと思ったのは、「稀」がFTWの特徴と同じであれば、「稀」は合成化学物質の分解ができる。なぜならFTWも合成化学物質の分解ができると考えられるから――ここなんです。原液を使用するとシックハウス症候群を起こすとされるホルムアルデヒド、アセトアルデヒド、トルエンという化学物質が一瞬のうちにほぼほぼなくなってしまう。シックハウス症候群に効果があるとうたってもいいという厚労省の基準におさまっているんです。

高橋 ほぼほぼなくなるというのは、どのように使ったらいいんですか？

佐藤 分解しちゃうんですね。だから、シュッシュッとやればいいんです。

もう1つ、場の浄化もできるんです。〝イヤシロチ（弥盛地）・ケガレチ（気枯地）〟のイヤシロチはどういうところだか、知っていますか。電子リッチなところなんです。電子、気が少ないところをケガレチというんです。「稀」は電子リッチだから、場の浄化ができる。

高橋　スプレーしただけで気持ちいいですものね。

佐藤　当然、植物がもともと持っている効果も全部あるわけですね。ここから取り出しているから。

高橋　原液自体は、植物ではないんですか？

佐藤　植物から取り出した発酵エキスです。

林　植物信号は、波動のことです。

高橋　この組み合わせじゃないと、「稀」にならないということですか？

佐藤　成分だけ抽出したのではなくて、それの持つ波動、周波数を取り出したということですね。

高橋　「稀」自体は佐藤社長が開発したものではないということですか。もともとどなたかが開発したものにプラスアルファでこういった形で製品化したということですか？

佐藤　「稀」という原液は、うちのオリジナルなものとしてつくっていただきました。だから、他所に同じものはないですよ。

高橋 エッセンシャルオイル「稀」はいつごろから取り扱いをされているんですか？

林 エッセンシャルオイル「稀」は2016年の11月25日に発売されました。

佐藤 ただ、クレンジング＆トリートメントにもイオニスジェルウォーターにも、「稀」(原液) は最初から入っているんです。エッセンシャルオイルとして商品として出したのが2016年です。FTWと同じ特徴で、合成化学物質を分解する。FTWの裏づけになるかなと思って、どうしてもつくりたかったんです。特徴は一緒なんだから。

高橋 オイルは何にでも入れています。お風呂にも入れるし、朝起きたら、まず水で割ったオイルをスプレーして、お風呂から上がってもスプレーします。

林 化粧水がわりでもいいですね。気持ちいいですよね。

佐藤 シミが薄くなった人も多いですね。ジェルに混ぜてもそのままでも使える。

「稀」配合のリキッドファンデーション「ナチュラル ウォーター ファンデーション」について

高橋 ファンデーションにこれを使っていたら、シミが薄くなるんじゃないかと思います。塗れば塗るほど、肌がきれいになる気がします。自然なものなのに、カバー力も結構しっかりある。すごく感動しました。

佐藤 このファンデーションの水分の部分は「稀」水です。ミネラルファンデーションで、鉱物からとったものだから、材料は全部自然のもので、石油系のものは入ってないんですね。それと、オイルフリー、シリコンフリー、パラベンフリー、香料フリーなので、すごく肌に優しい。

林 油のないものはあまりないですね。

高橋 カバー力も、重ねづけするとしっかりある。あと、初めはカラー展開が1色しかないんだと思ったんですけど、その人の肌色になじむんですね。それがすごく不思議だなと思って。フィオーラでコロコロすると、フィット感がある。私は普段汗をすごくかくんですけれど、化粧崩れしにくい。

クレンジング&トリートメントとセットで使うのがすごくいいのですね。ファンデーションの上から？　と思ったんですよ。大体、お風呂上がりとかに使用するものだという固定観念があったので、何で今まで知らなかったんだろうと思いました。

林　先も後も、しょっちゅう使っていいものです。

佐藤　みんな、あちこちコロコロして、手放さないでしょう。

高橋　気持ちよくて、ずっとやっていたくなります。

林　「稀」入りのクレンジング&トリートメントを塗ってコロコロしてください。これがリピートされるようになると、さらにいいと思います。クレンジング&トリートメントとイオニスジェルは「稀」入りですし、オイルフリーなのですごくおすすめです。

高橋　イオニスジェルよりもこっちのほうがいいんですか？

林　お値段が、クレンジング&トリートメントのほうはたっぷり入って（400㎖）6050円（税込み）、ジェルは（100㎖）4950円（税込み）ですけど、少量だとなくなるのが早いでしょう。だから、体に塗るのはクレンジング&トリートメントのほうが親切ですね。お顔には、仕上げにジェルを必ず塗ってください。

高橋　クレンジングと書いてあるけれども、洗い流さなくていいんですね。

佐藤　汚れはちゃんと落とさないといけないけど、その後、トリートメント剤としても使えるんですね。

高橋　普通にファンデーションを使って、まずはクレンジングとしてクレンジング&トリートメントで落として、その後にさらに乳液がわりにもう一度使って、仕上げがジェルという感じですか。

佐藤　そうです。洗ったら、またトリートメントをとって、全体に広げてコロコロして、最後にジェルをつけて終わり。

高橋　それでもう一回コロコロするのですか？

林　ジェルをつけたら、コロコロしなくてもいいんです。取扱説明書にはそう書いてあるんですけれど、ジェルをつけて長くコロコロすると、ちょっと赤みが出る人がいるので、ジェルをつけたら、転がさず、サーッとなでるくらいでちょうど良いです。

佐藤　マッサージとして長めに転がしたかったら、トリートメントをつけて、最後にジェルで終わりというのが良いでしょう。

高橋 そういう使い方も、あまり浸透していないと思います。フィオーラとセット（販売）にはなっているけれど、ネーミングの通りクレンジングというと顔を洗うものと思って、その使い方しかされていないのではないでしょうか。それで、セットでついていたのを使い終わったら、リピートしないで終わっちゃうとか、効果がちゃんと発揮できない使い方をしているから、わからずじまいなんだと思うんですね。

林 本書『FTW使い倒しBOOK』で、そこをしっかりうたいたいですね。そこはすごく重要ですね。

高橋 この3点セット（フィオーラ、クレンジング&トリートメント、イオニスジェル）があったら、基礎化粧品はこれだけでばっちりという感じですね。プラス「稀」があったら、最強ですね。

林 美容液とか油性のナイトクリームとか、何も必要ない。

高橋 それにこのナチュラル ウォーター ファンデーションを使ったら、ほかは使えなくなりますね。つきが全然違いますものね。息苦しさもないし。

佐藤 皮膚呼吸を全く妨げないんですね。

高橋　私は、ファンデーションをつけると、鼻の頭とかがかゆくなるんですね。これはそれが全然なかったです。

林　つけるときは容器に垂らしてから、スポンジでもいいし、ブラシでもいいしね。

高橋　私は指でささっとつけて、その後にトントンすると、結構きれいにつきます。スポンジとか何も使わず。それでフィオーラできれいに伸ばす。

まず、日焼け止めクリームを軽く塗ってから、このファンデーションを塗ると、油と水なので、はじいた感じになるけど、それを伸ばしながらトントンしていくと、きれいになじんでくれるんです。

佐藤　ほんとは日焼け止めの下地もこちらにあるの（メリカ　4＋ホワイトミルクUV）を使うと、成分が水分で包まれているからよりいいと思います。

林　でもコンプラウトの商品ではないので、ただ推奨しているという具合です。SPFが50なのに、紫外線吸収剤がお肌の中に入らないようになっていて、皮膚の表面にとどまるんですよ。水でくるんであるというわけです。

高橋　これはコンプラウトさんでは扱わないんですか？

林　扱っているんですけど、コンプラウト商品じゃないので、お話ししなかった。オリジナルではないんです。白くもならないし、とても安心できる商品ですよ。

――実際に手に取り試してみる――

高橋 ほんとだ。テクスチャーが優しい。

佐藤 今度、そちらとファンデーションを合わせて使ってみてください。

林 ここはいいメーカーさんですよ。

FTWを扱う代理店は小規模経営が多い

林 社長と私の出会いは、船井幸雄さんを通じてであったというのは先程お話ししましたね。

高橋 それはFTWとは関係ないお話し会での出会いだったのですか?

林 FTWはそのころもう完成されてはいたのですが、まだ販売されていなくて、ちょうどこれから販売しようというときでしたよね。

佐藤 一番最初の販売のときのお話し会でしたね。

高橋 ちょうどいいタイミングで売ってくださる方がいらっしゃったんですね。

林 そのときは、売るといったって、本当に売れるとは期待もしてないし。良さをわかってくれる人がいたらそれでいいみたいな感じでしたね。

高橋 まだ運営が小規模だった時期ですね。

佐藤 今も小規模です。

林 家族経営ですから。

高橋 今は代理店さんがいっぱいいらっしゃるんじゃないですか?

林 でも、小さい、個人レベルですから。ヒカルランドさんが一番大きいんじゃないですか。皆さん、ほとんどが個人事業主です。

さまざまな効用

伊藤 私もビューラプレートを愛用しています。私は、生理前に卵巣あたりが痛いような、腫れているような感じがするときに、プレートをお腹にのせて寝たりしているんです。そのときに、たまたま子どもが、今、小学校1年生の女の子ですが、「ママーっ」と来て抱きついて、プレートを2人で挟む形になったんです。そのときに、子どものお腹から、たとえるなら炭酸ジュースの炭酸がシュワーッと上がってくるような、そういう振動をプレートを通して感じたんです。今までプレートを当ててそういうことはなかったので、これは一体何が起こっているんだろうと思いました。

いろいろお話を伺っている中で、体内での電子変換だったり糖化を防ぐ現象、腸内環境として何かそういうことが影響しているのかなと思ったんです。

林 火を使っていないから、糖化ではないと思いますが。

石井 それに近いかどうかわからないですけど、私は以前ひどいやけどをしたんですね。やけどをしたときに、フィオーラでもプレートでもいいですけど、FTWの製品を患部につけるとピリピリがおさまったんです。でも離すと、やけどのピリピリする痛みが戻ってくる。そのやけどは皮膚がベロッとむけて、ドロドロしているんだけど、どこか一部にFTWをつけておくと、ピリピリがないんです。そのピリピリに似ているのかなと、今ちょっと思いました。

林 お子さんのお腹とお母さんとの間にプレートがあると、人間の体の水分があるから、2人の電子が共鳴したんだと思う。

佐藤　電子が体内に取り込まれるとどういう現象が起こるかということで、2012年のハートマス研究所と2016年のカリフォルニア大学の論文が発表されているんですね。それによると、「体内に取り込まれると、さまざまな慢性疾患や慢性ストレス、統合失調症、炎症、睡眠不足、心拍変動障害に非常に効果的である。また、心臓疾患を含む多くの一般的な健康障害にとても有効である」ということなんですね。

林　きっと共鳴しちゃったんだ。

佐藤　そういうことが起こったのかもしれないですね。

あと、「血液の粘度が低下され、内分泌系及び神経系を調節する。また、赤み、熱、腫れ、痛み、機能喪失をもたらす障害後の炎症を軽減し、防止する。痛みを伴う慢性炎症の迅速な解消。体の表面及び体内に電子が広がると、抗酸化作用を有することができ、またその電子が小さな炎症や症状のない炎症を予防したり解消することができる」。病気は、全て最初は炎症だと言われていますね。小さな炎症が大ごとになって、いろんな病名がついてくる。こういうことがあるから、電子がちゃんと誘導されるといいんですね。

私も痛みや炎症といえば、以前骨を折ったんです。すねのところは2本の骨があるんですが、その2本と、それを受けているところ、そこの3本の骨を全部一度に骨折した。

高橋 事故ですか。

佐藤 転んで。滑ったんです。履いていたものでストッパーがかかっちゃった。そのまま滑ればよかったんだと思うけど。脱臼しちゃって、その上にドンとなって骨折したから、上から見たときに、感覚として足がない、行方不明でした。足首から下が骨についていないから。

石井 実際足はあるんだけど、足先がないような感じだったんですよね。

佐藤 それで、すごい激痛。それでフォーグを足の両側にくっつけて、あるだけのフィオーラを集めて差して固定したら、痛みがピッタリ止まったんです。

石井 海外での出来事だったんです。現地で緊急手術をする必要があり、とても帰れる状態じゃないと言われていたんですが、どちらにしても痛みがおさまれば見通しが立つので。

佐藤 大分というか、痛みは全くなかった。普通は失神するほどの痛みだそうです。

伊藤　飛行機に乗れば、さらに気圧で痛いですね。

石井　そうなんですよ。だから、耐えられないと言われて、絶対帰るのは無理と言われたんだけど、念には念をで一応痛み止めをもらって、結果は飲まなかったですけど、それで帰ってきました。その日の夜に手術しなきゃいけなかったのですが、その日の夜に帰国のフライトがあったので。朝、けがして、午前11時くらいから夕方まで病院にいて、夜のフライトに間に合うように車椅子で連れてきたんです。

病院を予約しておいて、帰ってきてからそのまま入院でした。

佐藤　その間、全く痛みがないですからね。手術をしても、ですよ。痛み止めは1個も飲まない。

林　後日談ですが、手術で、ボルトみたいなのを入れるでしょう。それで1年後くらいにボルトは取らなきゃいけないんだけど、1年たたずに取ってもいいですよみたいに言われたんですよね。骨がちゃんとくっついちゃっていたから。

佐藤　治りもすごく早かったですね。

林　でも、タイミング的にすぐ取れなかったから、結局1年後くらいに取ったんです。そしたら、ボルトがピッカピカになって出てきたんですよ。新品みたいに。

高橋 その間もずっとフォーグを巻いていたんですか。

佐藤 ずっと巻いていました。

林 ボルトは、酸化してボロボロになる人もいるんですが、ピッカピカ。それを見た担当医がびっくりして、フォーグが欲しくなったみたいで、プレゼントしたんです。普通はプレゼントの類いは受け取らないらしいんですけど。

石井 まして市民病院の先生なんで、そういうところの先生は菓子折りさえももらわないんです。

林 なのに、さっと受け取った。「えっ、いいの?」と。

高橋 超欲しかったんでしょうね。

林 不思議でしょうがないんでしょう。痛みは消えるし。

高橋 でも、病院の先生だったら興味を持つのもうなずけます。

林 もっと安いものだと思ったんじゃないですか。

佐藤 多分ね。治療に使おうとされたのか、いくらぐらいなの? と聞かれました。

毎日FTWを使い倒す便利グッズ

伊藤　プレートを自作の袋に入れて腰に巻いている方がSNSで記事を載せているのをお見かけします。袋をつくるときに、おすすめの布地だったり、カラーとかはありますか。

林　綿や麻のほうが、ナイロンとかより周波数的に合うんです。しっかりした綿・麻がいいんじゃないですかね。色は別に自由だし。ただ、円状にするのはとても難しくて、素人では円同士をぴったり縫うのは難しいみたいですね。四角でも何でもいい。欲しい人がいたら、本社にハンドメイド品が置いてありますよ。

高橋　（本社内展示品を指して）あそこにあるのが、そうですか。

林　あれは研修で使うものですが、販売用のものも用意してあります。

佐藤　皆さんがつくって持ってきてくださるから、自由に売ってもらっているんです。値段は、それぞれがつけてくださってます。

伊藤 使わないときのメンテナンスはどのようにされているのですか。

佐藤 メンテナンスなんか何も要らないし、使わないときがあったら逆にもったいない。必ず何かに使わないと。

高橋 お気に入りの縫いぐるみのように、肌身離さず、ずっと握っています。

林 何でもいいから、体につけておく。

高橋 植物性の油がついちゃうと、こびりついちゃって、落ちないことがありますね。

林 汚くても効果は変わらないからいいの。

佐藤 汚くてもいいけど、食器と一緒だから、洗剤ですぐ洗えばいい。汚れがついてて、熱しちゃうから、取れなくなるんだと思う。

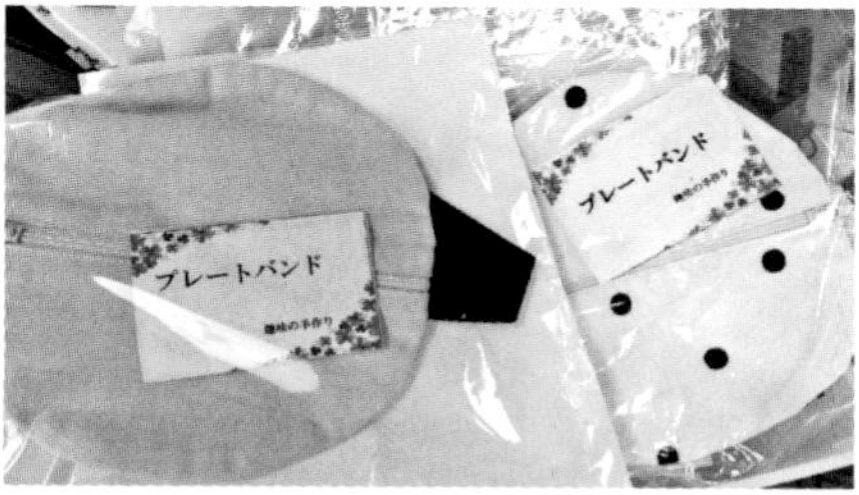

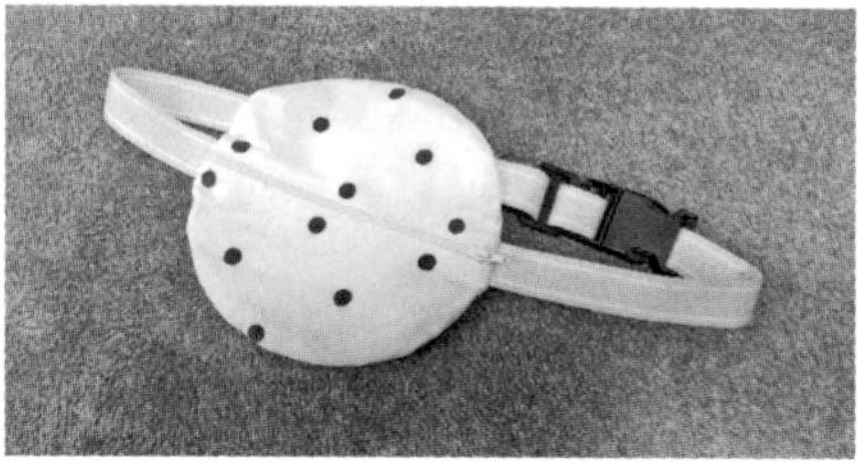

ハンドメイド品の一部

高橋　確かにその状態でしたね。玉ねぎの汁とかがついちゃって、それが落ちなくなって、ドライバーの先で削ってもすでにこびりついた汚れが硬くなっていたんです。あれは熱湯だったら落ちたんですかね。

林　落とす必要もないし、どんどん汚して、バンバン使ったほうがいいですよ。

高橋　プレートのシルバー化の話も聞きたかったんです。

佐藤　はっきりと原因はわからないけれど、どういう状態になっても効果は変わらないということは証明済みです。

高橋　シルバーになったほうが、お味噌づくりに使うと熟成が早いということはありますか。

佐藤　それも理由はわからないけど、効果が高まることは間違いない。飾り物じゃないから、どんどん使う。きれいにしておきたいと思ったら、何か汚れがついたときにすぐ洗えばいい。でも、何かついても色が変わっても気にしないことです。そういうことで効果が落ちるとか、ないです。プレート自体を飾りにするわけでもないでしょうし。それと、一旦汚れがついたら、その後は遠慮なく使えるでしょう。

高橋 プレートが溶けることはあるんですか。
石井 こういう（下画像）状態のことでしょうか。
林 こっちのほうがよほどパワーアップしているんです。
高橋 これは直火のときに起きる現象なんですね。
林 そうです。
高橋 お鍋の中にプレートを入れるのと、直火で、上にお鍋を置いて料理するのとでは、素材へのパワーの入り具合が違うということですか。
佐藤 鍋の中か下かは、汁物とか、鍋に直接プレートを入れられるときは入れたほうがいいというくらいの判断でいいと思います。入れたほうが、味とか、実際に違いはます。
林 浅いフライパン等で炒め物をするときは直火で使う。
佐藤 これは卵焼きをつくった実験ですけど、卵をとくときに、下にプレートを敷い

シルバーに変色し、やや変形したFTW プレート

たのは、余分な油を吸わないんです。敷いただけで変わっちゃうのです。

高橋 太らなくなるとかは、あまり関係ないですか。

佐藤 長期的な目で見れば関係あると思いますよ。全部の食事にFTWを活用して食べて、外で食べるときも必ず敷いて食べて、そしてフィオーラを使う。そうやっていると、むくまなくなるし、代謝がよくなるから、太りにくくなると思います。

高橋 甘いものの下に敷くときは、プレートの表と裏と、どちらに置くのがいいというのはあるんですか。

佐藤 表は甘みが強く出て、裏にすると甘みが軽くなります。

石井 和菓子より洋菓子のほうがよくわかります。

佐藤 動物性のものがわかりやすいんですよ。ミルクとかバターとか。

高橋 私はプレートを持ち歩くようになってから、ビールとフライドポテトみたいなジャンクなものを、いつもは全然買わなかったのに、買ってみたいと思うようになりました。プレートがあるから、大丈夫だろうと。

林 ポテチとか、やってプレートにのせてみればいい。

高橋 ポテチは、前に実験をしたとき、袋を開けたままずっと上に置きっ放しでもパリパリのままでしたね。袋を開けていても、しけないんですね。

林 逆に時間がたったほうがパリパリになる。

伊藤 体に当てるときも、表面か裏面か、気にしたほうがいいんですか。

佐藤 あまり気にしなくていいです。

高橋 プレートが上にのっかっている状態で炊き上がったご飯の図（下画像）がありますが、あれは特別なことですよね。

林 いいえ、必ず上に持ち上がって炊き上がります。

石井 炊くときに、セットするときに、最後にプレートを入れて、蓋を閉めてということなので。

高橋 内鍋を入れた上に置くということですか。

FTWプレートを使用して炊き上げた酵素玄米

佐藤　酵素玄米を炊く場合には、内鍋の上じゃなくて、お米にのせる。潜らせなくてもいいから、ポンと直接上に置く。

高橋　炊き上がったとき、プレートが沈んでいるのは、また違うんですか。

林　斜めに入れたりして沈んでいる場合もありますね。基本的には浮いてくる感じで炊けます。

高橋　浮かないと、雷現象は起こらないんですか。

林　それは関係ないです。お水が張ってあるし。

佐藤　圧力がかからないと、下まで沈むことがあります。圧力鍋ではあまりあり得ないけど、ほかのお釜で炊いた人は、そういうこともあります。上手に炊けてない。圧力が不十分だから、（酵素玄米の場合）そういうことが起こるわけです。

伊藤　のせ過ぎると効果を殺してしまうのではないかとか気にせず、何にでも使えばいいのですね。

佐藤　効果を殺してしまうなんてことはないです。

林　ただ、ビールは水になっちゃいます。

佐藤 炭酸が抜けちゃうから、ビールは気をつけて。

石井 逆に言えば、一回のせちゃえばもう大丈夫なので、3秒から5秒くらい置いて、次々に別の食材をのせることができる。

伊藤 半永久的な効果というのはすごいですね。

林 効果が薄れるどころか、シルバーになったら効果が高まるし。

佐藤 宇宙エネルギーを集めるツールです。そんなのがこの値段で半永久的に使える。それがわからない人には高いものだと思うし、せっかく買っても使い方が十分じゃないともったいないと思う。

林 わかる人にとっては、桁を変えてもいいんじゃないかくらいのものです。

高橋 人生でこんなにコスパがいいものはないですね。

林 もし他社がこれを出すとしたら、15万円はすると思う。

佐藤 多分、こんなプレート状の素材では出さないと思う。FTWを組み込んだトースターとか、レンジとか、オーブンとか。単体では出さない。だって、これ1個あったら、何も要らないでしょう。

林 商売にならないものね。

高橋　そうですよ。世界で1つの販売所。

林　「これがあれば油が酸化しません」なんて言ったら、油専門の業者に怒られてしまう。そこにも話を持っていけば、ビジネスとしては早いじゃないですか。でも、それだけじゃもったいないから、万能に、さまざまに使えるようにということです。大手にも持っていかないし。

本当に使ってほしいので、本の題名は『FTW使い倒しBOOK』がいいですね。

林弓紗先生 単独インタビュー

2020年10月20日（火）

ＦＴＷはどこから来たのか

（※以降——部はヒカルランドスタッフによる質問です）

——前回のコンプラウト社での取材についてお伺いします。長年、社長と共に活動されてきた林先生から見て、今後、ＦＴＷに関わる情報はどこまで開示されるべきだと思われますか。

林　社長ご本人は何とおっしゃるかわからないですけれども、ＦＴＷを語るには、彼女（社長）の類いまれな力については触れておきたいですね。彼女がこれはどうしてもダメだと言わない限り、何でＦＴＷが彼女のもとにやってきたかということも私たちの活動に連動しているので、ぜひともそこは伝えていきたいなと思います。

——前回の取材では、ＦＴＷが社長のもとにやってきたのは、めぐり合わせのようなものとおっしゃっていましたけれども、ＦＴＷから選ばれている感じがとてもあるなと思いました。

林　もともとＦＴＷはどこから来たかわからないのです。ただ、それを数十年ずっと研究していた先生は、私もよく知っています。すでに亡くなられた方ですが、その方とよく勉強会をやっていたんですね。その方は科学者で、難しい説明ばかりされていた。大阪の方だったので、関西弁で難しい話をするから、聞き慣れていないと、余計に何が何だかわけがわからなかったんです。でもすごくいい人で、「大阪のおっちゃん」みたいな方でした。ところが、いろいろ複雑な事情があったようで、あのころからＦＴＷを語る際に、その方の存在を前面に出すことはＮＧとなってしまったのです。

それからは、その方のお名前も出すことはなくなりましたし、触れなくなりました。以前は、その方のお名前を出して活動していたんですよ。そこは何か事情があったこと思いますが、私としては、その方は研究者であって、最終的にＦＴＷをこの形にしたのは佐藤社長なのだから、ご自身がつくったということで公表していいんじゃないかと思うのです。でも社長は「いや、私がつくったのではない」という姿勢なのです。

心霊治療選択のきっかけは過去の臨死体験

――大病を克服されたご経験があるとお聞きしました。弓紗先生自身がＦＴＷに出会ったのは、ご病気になられた前のことですか。後のことでしょうか。

林　病気というのは、胆管がんのことなんですが、がんになったのは40歳くらいのときで、ＦＴＷに出会う大分前です。私は西洋医学にはかからないものですから、当時、がんを治すためにフィリピンまで行きました。そちらで本当に簡単に治ってしまったんですよ。

――西洋医学以外の方法とは、手術せずに、治すということですか？

林 実は、メスではなく、心霊治療で手で取ったんですよ。心霊治療は、患部へ、つまり体に手が入っていくんですね。

――その心霊治療とは、切らないで、体の中に手を突っ込んで、悪いところを引っ張り出すということですか？

林 手で切るという感じ、手が患部に入ってしまうような感じです。

――悪いところを取り終わって手を抜いたとき、縫合する必要はないのですか？

林 手を抜くと同時に、ピタッとくっついちゃうんです。

――傷跡も残らないのですか？　痛くはないのですか？

林 痛くも何ともないんです。

——心霊治療をウソだと言う方は多いですね。自分も否定派だったんですが、増川いづみ博士も目の前で見た経験から「あれは本物よ」と断言されていましたね。

林 真っ裸で並ぶんですよ。それで、例えば午前3回、午後4回とか、手術を受ける。

——一日にそんな回数の施術をやるんですか？

林 いっぱいやるんです。例えば1日7回だったら、「1日分、7枚のビニールのゴミ袋を日本から持ってきてください」と言われるんです。それを使って何をするかというと、まず真っ裸のショーツ1枚で、バスタオルをかけた状態になるんですけれど、その上からゴミの袋の下を切ってスカートみたいにしてはいて結ぶんです。その状態で、前の人が施術をやっているときは、目の前で見ている。今度はタオルを自分の次の順番の人に預けて、自分が施術を受ける。それを順繰り順繰りやるから、何十人がやっているところを目の前で見ることになるわけです。血がものすごく飛び散るんです。

――やっぱり血は出るんですね。

林 真っ赤な血が出る。部屋は真っ白なタイルなので、それをおじさん2人が拭いて、隣の流しでゆすぐんです。女性は血に慣れているから平気ですが、男性はダメですね。男性は、血のにおいでバタバタ倒れる。

――施術されている間は意識がはっきりとあるんですか？

林 トランス状態で施術をされるんです。だから誰かがゴホッと咳したりすると、「目が覚めたらどうするの」なんて見ている側はハラハラなんです。そんなことはないんですけどね。

最初のうちは、手が自分の体に入っているときに我に返ったら、急に痛くなるのかなとか、いろいろ考えるわけです。だけど、1日7回とか8回とかやって、それを1

週間体験しているから、そのうち慣れてきちゃう。自分でも施術できるんじゃないかみたいな感じになるんです。

臓物のようなものを体から取るときに、ククク ッと内臓が引っ張られるみたいな感じはするんですけど、その間にも頭の上にあるバケツにどんどん取り出したものが捨てられていくんです。一巡したころには、患者全員分だから、相当バケツの中身はふえているわけです。慣れてくると、自分からのぞいて見たりするようになりました。

――みんなと同じバケツに捨てられるんですね。

林　同じバケツです。「最後はそのバケツの中身どうするの？」と聞くと、ただ「捨てる」と言われました。どこに捨てるんだろうかとか、どうやって処分するんだろうとは思いましたね。

私は1週間ホテルにステイして、ずっとその治療を受けて、4カ月後にもう一度行ったから、施術の一部始終を見ていましたよ。

――4カ月後に再発したんですか？　そうではなく、別の治療で行ったんですか？

林　胆管がんは、ちょっと取りづらいんです。半年以内にカムバックしてと言われていました。2回目で完全に取れたんですね。

でも実際は半年後でなく、4カ月後くらいで行ったかな。1週間のお休みをとるのは大変なので。1回目のときにもう、がんからくる痛みはなくなっていたけれども、もう一回取ったほうがさらにいいというので、それで完治しましたね。

――病気が判明したとき、病院で手術をするという選択肢はなかったんですか。

林　ない、ない。

――当時、弓紗先生のようにフィリピンに行って心霊治療されるという方は珍しかったんじゃないですか？

林　治療を受けに来る日本人は実は何十人もいる。各地のごく少ない人たちが情報を得て、そこに集まるとそのくらいになるという感じでした。

――施術してくださる方や施設はどんな感じでしたか？

林　施術者の父は、もともとはマルコス大統領の主治医です。大統領が病気になったら、もちろんそこで治療するし、場所自体がすごく神聖なところなんです。そこだけ別次元でしたね。外も、マンゴーなどの木の実は、実がすごく大きく育っちゃう。パイナップルもそうで、優良星といった感じでした。彼らはそういう良い果物を食べているんです。ほんとに別世界です。

――ジム・キャリーの映画（『マン・オン・ザ・ムーン』）で全く同じ内容のものがありますね。映画の中だと、心霊治療とされるものがウソっぱちだったというところで終わるんです。有名なコメディアンか何かの話で、おカネはいっぱい持っているから、いろんなところを回ってみるけれども、結局ウソっぱちで、がっかりして帰ってくるというようなお話でした。

林 当時、テレビでも、心霊治療はニセモノだと片付けられましたね。映画ならなおのこと、そういう結論にしないと、放映できないんでしょう。

――本当だとしても、規制がかかっているということですか?

林 そうだと思う。あえてニセモノというふうにしないといけないのでしょうね。私は実体験もあるし、そもそもそれ以前に、ある経緯から病院には行かないようになっていましたし。若いとき、20代のときに臨死体験をしているんですよ。

そのときは子宮外妊娠したんです。結婚して間もなく妊娠して、卵管で子どもが大きくなっちゃった。6カ月を迎えたんです。卵管だから、当時受診した病院では処置できなかったんですよ。卵管が破裂するまで待たないといけなかったんです。卵管の一番太いところで着床しちゃったんです。そして、そのときがきて、破裂してしまったんです。

——とてもつらく苦しいですね。

林　そのとき、私は死んだんです。広尾の病院だったんですが、不思議な体験をしました。自分が寝ている姿を上から見ていたんです。家族や親族が、何でこういうことになったんですかと主治医に言い迫っている様子も見えていた。そしたら、主治医が真実じゃないことを説明し始めたんです。

——真実じゃないとはどういうことですか？

林　私は当時、芸能界にいたので、要するに初めての妊娠じゃないからだというような、私に対して心外なことを言っていた。治療に関しても、自分は手を尽くしたと。卵管の権威だったからね。それで納得いかなくて、上から「違うでしょう!!」と叫んだのです。

――ご家族や親族の方たちに、お医者さんがそのように状況説明されていたということですね。

林 あれはどういう状況だったんでしょうね。呼ばれて、みんな集まっていたんだから、死にたてだったんじゃないですか。おそらく魂が抜ける前じゃないでしょうか。それで、私は大声で叫んだんです。そうしたら、目が覚めた。また自分の体の中に戻ったという感じです。

でも、それから何日も意識がなくて、目を覚ましたときには、周りが「ああ、よかった、よかった」みたいになっていました。

――上から見ていた記憶があるんですね。

林 ありますよ。それで、目覚めた後日、先生にも「何でそんなことを言ったんですか」と言ったら、その先生はフィリピン人の女医さんだったんですけれど、片言の日本語で、「初めて妊娠ないよ」みたいな感じで返すんです。「初めて妊娠ない」って何？　要するに日本語があまり上手じゃないから、誤解をさせてごめんなさいねと言いたかったんだろうけれども、あの場面でそれは勘違いするでしょう、っていうのが後日談ですね。

卵管って2個あるから、片方を取ってしまえば、そこはそれでいいとしても、若かったということもあって、卵管形成をしてもらいました。形成術というので十何時間もかけてつないだんです。手術は成功して、どちらの卵管も機能するようになるのですが、そうなるとどっちで排卵するかはわからないから、ロシアンルーレットみたいに、もし形成術でつないだほうでまた受精すると、再発すると言われた。もう一度、子宮外妊娠して、また命を落とすかもしれないと言われました。

そうしたら、もう結婚生活なんかできないわけですよ。そこで泣く泣く離婚したんです。男の子を産まなきゃいけないという家だった。昔といってもそんなに昔ではないけど、そういう家だったので、もう子どもを産むのは諦めよう、産めないと思って、一生一人で生きていこうと決意したんです。

そういうこともあって、まず西洋医学は信じてない。それから、臨死体験以降、見えないものに対する感覚が研ぎ澄まされてきたんですね。見えるとか聞こえるというのはないんですけれども、エネルギーみたいなのをすごく感じやすくなった。中学生くらいのときから、シャーリー・マクレーンとか、ああいった本ばかり読んでいたので、そういう世界への興味はとても強かったんですね。昔はスピリチュアルという言葉がなかったので、精神世界と言っていましたけどね。

もう62歳になりますから、40年くらい、探求とまでは言いませんけど、本来は見えないものの力で生かされているんじゃないかなというのは、何となくわかっていました。そんな経験もあって、FTWに出会うのも必然だったんじゃないかなと思っています。

佐藤社長との出会いと共通の願い

――臨死体験があって、その後にフィリピンでがんの治療をした。その間もそういった目に見えない世界のことをいろいろ勉強なさっていたんですか？

林　週末農業をしながら、当時、私は脱石油をすごく訴えていて、女性がシャンプーとかヘアカラーとかして、どれだけ地球の環境を汚しているのかということを改善したかったんです。中性洗剤をやめようというのと、毛染めをやめようという運動から、インドのヘナを広めていく、そんな活動をしていました。船井幸雄さんとのご縁があるから、そういう方たちが多くて、そんな流れで佐藤社長をご紹介いただいたんです。

――船井さんのご紹介というか、つながりでお会いになったんですか？

林　そうですね。２００８年にフィオーラができたんですけれども、その1年くらい前に、佐藤社長に会う前にはすでにフォーグを持っていて、両手振り運動をしていました。そのころは、必ず両手振り運動をしてから船井さんの講演が始まるという流れでやっていたんですよ。

――それは観客に見えるように実演されるんですか。

林　ステージに上がったら、「今日も両手振り運動をして……」というふうに始まるんです。その当時は女性のお客さんが少なくて、経営者の男性が多かったんです。手を振ればいいだけだから、わかりやすいじゃないですか。それでみんなフォーグを買うんです。だけど、実際のところ、当時買った方たちは使い続けてないと思う。手振りに使わないならほかで活用したらいいのにと思うかもしれませんが、男の人というのは、これはコースターになるんじゃないかなとか、考えないんです。一度手振りに使うと聞いたら、手で振るためのものだと思う。それを、ちょっと普段身につけてみようとか、思わないようです。男の人は素直なんですね。

とはいえ私も、当時は、佐藤社長に会う前は、ＦＴＷにさまざまな効果があるというのは、はっきり言ってわからなかった。でも、すごいものだなと思って、毎日毎日ずっと振っていたんです。何か体が浮くみたいで、気持ちがいいわけです。簡単にできてしまうし。

本当は両手振り運動というのは４０００回、40分やる必要があるんです。普通できないでしょう。それがフォーグを使ったら、４分でいい。４分だから、できるわけです。それをやって体を整えてから、お仕事をしていたんです。

――フォークを握ると、効果が凝縮されるんですね。

林　何が起こっているかというと、宇宙エネルギーを取り込んで、人間フィオーラみたいな状態をつくっているだけなんです。

――フォークで手振り運動をすることでそうなるんですか？

林　本当は何もなくても4000回やれば、静電気みたいなもので、その状態はつくれる。でも、フォークを持ったり身につけると、それだけで電子誘導するから、手振りすれば、結果、さらにたくさんの電子が集まるわけです。なので、回数が10分の1でいいんです。それが後でわかって、なんだ、4000回に比べたら4分だったら簡単だと思いましたね。でも私もさっきお話しした男性の方たちと同じでフォークは使っていたけど、いろいろなことに使ったりはしていなかったんです。

そして、その後間もなく、2008年になってフィオーラができたというので佐藤社長にお会いして、実際にフィオーラを見せてもらったんです。触った瞬間、「何だこれ、すごい」と思いました。

そのときはまだそれ（フィオーラ）をどういうふうに販売していくとか、何も決まってなかったんです。お店も、どこに置くとかも何も決まってなくて。本物研究所さんが扱うような流れかなとは思っていたけれども、私は本物研究所さんの人間ではないし、契約もしてないので、これは個人でみんなに広げるのが私の役目だなと思いました。

――ふとそのように思われたんですか？

林 私はお客さんを持っているわけでもなく、売り先があったわけでもないのですけれども、とにかくすごいものを手に入れちゃったなという思いが先に来ていましたね。

でも佐藤社長は、そのころから何も変わらない、良い意味であのままだったんです。「社長」と言っても、肩ひじ張らない、すごく自然体の人で、とても好感が持てたのです。その後は、メールではなく、いつも電話で話していました。

私は、大切な仲間に広めていきますと社長に言った。それじゃ、代理店をつくろうかとなったんです。本社で代理店制度をつくろう、こうこう、こういう条件にしようと詰めていきました。最初はすごくハードルが高かったんです。1回にフィオーラのセットを60個仕入れるという条件でした。

——今の値段と同じですね。それもハードルが高いですね。

林 でも、こんなすばらしいものはほかにないなと思ったので、「わかりました」と。一遍に60本だと置くところがないから、6本ずつ10回に分けて送ってくださいと言いました。そしたら、1カ月もたたないうちに60本がはけちゃったんです。

——弓紗先生がいろんな方にご紹介して、ですか?

林 友達に実際にフィオーラをかけてあげたりしていたら、施術がだんだんうまくなってきちゃった。そうしたら、調子がいいとか、頭痛が治ったとか、いろいろうれしい声がもらえるようになってきて、うちのお母さんにとか、お姉さんにもとか、身内へのプレゼントにしたいとかそんなふうにしてあっという間だったんです。
それで、こんなに求められるならほかにも代理店になりたい人がいるんじゃないか、だったら研修会をやらなきゃダメだねということになって、そこから研修会をつくり上げていったんです。

――弓紗先生は幹部みたいな、片腕みたいな存在なんですね。

林　いいえ、社長と古くからのお仲間で現在講師をなさっている先生たちがおります。社長はタイプ的に、あまり商売商売していないのですよ。そこもとても魅力的でした。お尻たたかれてとか、そういうことではなく、自然な流れで販売させていただいたということと、フィオーラの良さがわかる人を捉えたので、広まるのが早かったです。
そして、その後にプレートができたんです。

プレートを使って酵素玄米を炊く

――フィオーラの代理店をつくった後に、プレートをつくったということですか？

林　2年後くらいですかね。初めは、フィオーラを食べ物の上にかざして振っていたんです。だけど、私たちの仲間で外で食事をしているとき、みんなして一斉にフィオーラを振ると、おかしいわけです。

――確かに怪しい感じですね。

林　これ（FTWの効果）を食に使いたい。こんなに一瞬で味がまろやかになって、添加物が取れるんだとしたら外食でだって使いたいですよね。ならば振らなくても同効果が出るいいものはないかと。

打開策として私はフォーグを食べ物の下に敷いていたんです。そしたら同時期に社長が料理のときに鍋に入れたらすごいんじゃないか、みたいなことを思いついて、両方に使えるプレートをつくったんです。

プレートが完成してみて、いろいろと試すうちに、今度はプレートを使って、通常より時間をかけずに酵素玄米ができることがわかった。お味噌のくだりは前回のインタビューでお話ししましたよね。試してみたら、ほら、できたという具合です。

――酵素玄米が完成するのにあれだけ時間を短縮できるというのは、どういうわけでしょう?

林 本来は3日待つわけですね。3日間のうちに微生物がどんどん発酵して、酵素をふやしているわけです。

プレートを入れると、鍋の中に電子がいっぱい落ちて、微生物が活性する。そうすると、どんどん子どもを産んじゃうわけです。産めよふやせよになる。味噌もそう。そうすると、あの中で完結しちゃうんです。

――なるほど、それで早まる、ふやせるということなんですね。

林　3日かかるものが、鍋の中でできちゃうんですね。

――まるでドラえもんの世界ですね。酵素玄米を炊くきっかけというのは、何かあったのですか?

林　酵素玄米を何で炊こうとしたかというと、佐藤社長が召し上がっていたからです。でも佐藤社長は忙しいので、酵素玄米を自分で炊くのは無理だからと、1万円くらいかけて、1升ずつ、あるお寺のお坊さんから送ってもらっていたんです。

――炊いたものを、ですか?

林　炊いたもの。それを2升の大釜の中に入れて少しずつ召し上がっていた。ところが、プレートを入れて炊いてみたら、本来3日かかるものが50分で完成してしまったというわけです。

そもそも何で社長が酵素玄米を必要としたかをお話ししないといけませんね。それは、私もすごく感銘したんですけれども、原発のことがあったからなんですね。高線量の被曝よりも、低線量の内部被曝を解決するには、体から放射性物質の粒を出さなきゃいけない。たまる一方ですからね。そして、お味噌で中和させなきゃいけない。それには酵素玄米と味噌だよねということは前々から知っていたんですが、でも大変だから自分じゃ炊かない。味噌も、1年がかりの味噌はもちろんおいしいですよ。でも、現代じゃみんながみんなできるわけじゃない。置き場所もない。でも、プレートを使って、食品保存袋で仕込んで2週間で完成なら、ひとり暮らしの人にだってできるでしょう。しかも、使うのは黒千石大豆ですよ。効果・効能に特許がおりましたからね。

なので、酵素玄米が50分でできる、味噌が2週間でできるというこのプレートはすごいねと。食味改善と、添加物を元素変換する。とてつもないことがこれ1枚でできるわけですね。これは一人でも多くの人の手元に行くようにしたい。

油に使えば、油が酸化しないから、直接油の中に入れて揚げ物をすればいいわけです。その油をストックしておけばいい。捨てなくていいから、環境にもいいでしょう。料理だけじゃなく、お風呂に入れたり、痛みも取ったりするわけだから、1枚あったら助かるじゃないですか。これは本気で全国に広めていこうという思いが強くなりましたね。

それにまさか日本に54基も原発ができているなんて私は知らなかったんですね。それを知ったきっかけが、『アヒンサー』という1冊100円の本です。たった4人の普通の主婦の方が、「未来に続く命のために原発はいらない」というシリーズだったかな、『アヒンサー』という本を自費出版されていたんです。素人のママたちがその本をみんなに配る活動をしているのを応援したいなと思って、何冊か買った。そしたら、その本、コンプラウトにもあったんです。びっくりしました。だから、社長とは見ているところも一緒だったんですね。

やっぱり思いは同じだなと思って、その本の存在を広めたいという思いと同時に、内部被曝には味噌と玄米が有効であることを講演していこうと思いました。内部被曝のお話をしながら、ＦＴＷでどこまで改善できるかというテーマで講演をするようになったんです。

――内部被曝の害についてどのようなことを伝えていらっしゃったのですか？

林 放射能の内部被曝の害というのは外からは見えないですからねえ。放射性物質が農作物に落ちたり、水源に落ちたりしていても私たちはわからない。それが人の口から入っていくときに、弱っている細胞に来るわけです。一番は子宮とか肝臓とかですけれども、そうするとミトコンドリアが劣化してくるんです。ミトコンドリアでATPという熱をつくりますが、その熱をつくれなくなるから、低体温になって、そしてがん化するというシナリオで、そこに内部被曝が大きく関わっているということは、公にはされてない。ただ、冷えがよくないとか言われる。でも、もともとは内部被曝が大きく関与しているんだということをたくさんの方に知らせなきゃいけないなと思ってお話ししていました。

ただ単純に原発反対のデモに出るとか、そうじゃなくて、自分の身を自分で守るにはどうしたらいいのか。玄米を食べて、味噌を自分でつくって、生きた味噌を食べましょう、それだけでいい。どんどん入ってくるものもそれで大分排泄されますからね。本気でやっていますから、本気は人に伝わります。同じことをずっとやっていますけど、よく飽きないねと言われます。飽きるどころか、ＦＴＷがすごいなということをいつも感じるので、本当にありがたいなと思います。ＦＴＷにどれだけ助けられているか。

――弓紗先生は本当に一筋ですね。

林　おかげさまでＦＴＷ愛用者の方がたくさんいらっしゃるので、ときには別の商品を一緒に販売してくれないかとか、いろいろなお話もいただきます。でも、一度も浮気したことはないですよ。利益とか儲《もう》けというところに自分の意識がもし行ったら、この子（プレート）がどこかに行っちゃいそうな気がするんです。効果が半減するような気さえするんです。現に、私が使うと、プレートはすぐシルバーになっちゃうんです。

FTWプレートのシルバー化

――シルバーの魔法のことも詳しく聞きたいですね。弓紗先生は以前、意識が関わっているとおっしゃっていましたね。

林 シルバーのほうがよりパワーが強くなっていることは間違いないんです。新品のようにきれいなゴールドのほうが、普通強そうでしょう？　でも、シルバー化したプレートでお味噌をつくったら、1週間くらいでできちゃう。

――発酵が半分の時間でできるのですか？

林 細かく計測などはできないけれども、シルバーのほうが圧倒的にパワフルです。それを知って、プレート愛用者はみんな、故意にシルバープレートをつくろうとするのですが、一人もできない。でも、逆にそれができた人は、一度と言わず、10年で100枚くらいシルバー化できているかな？　全員の分を見たことはないけれども、確実に言えるのは、シルバー化を体験した人はみんなプレートを直火に当てているということ、コンロの五徳に置いていること。それで上にお鍋とかやかんとか置いている。フライパンでもいいですよ。それが火と圧によるものか、物理的なことはわからないですけれどね。だけどみんながみんなそうやって使ってもならないわけでしょう。私の場合はハッと気づいて見たら、シルバーになっているという感じなんです。

――前に、色がシルバーに変わるときは、サーッと変わるとおっしゃっていましたね。一瞬なんですか？

林　じわじわ色が変わる人もいるんです。何日かかけてなる人もいます。私の場合は、たいがいはパッと変わる。

――弓紗先生は、新品も使うとすぐにシルバーになっちゃうんですか？

林 何枚か持っていますけど、直火用と火にかけない用と、分けています。そのうち料理用は3枚くらいかな。それはしょっちゅういろんなお料理に使っていますから、全てシルバーになっています。

ただ本当に確かな理由はわからないです。

―― なる人はすごく早くシルバーになるし、時間がかかってからなる方もいらっしゃるのですね。

林 10年使っている人でも、ならない人はならない。だから、見ていて思ったのは、何とかシルバーにしてやろうと欲とか自我が出ちゃうとダメ。私は、何とかシルバーにしてやろうとは思ってない。別に何とも思ってないし、忙しいから、プレートをじっと見ていられない。そうするとパッとなりますよ。

―― 変わる瞬間は見逃したくないですね。

林　普通そんなふうに見たいと思うじゃないですか。だから、みんなジーッと待っている。でも、そうしているとならないらしい。

――振り返ったらシルバーになっている、くらいの感じですか？

林　そうそう。シルバープレートを持っている人を見ると、皆さんあまり我欲がないですね。プレートは想念とか、周波数を、その方の意識を感じ取るんだと思う。

プレートに宇宙エネルギーが入ってくるときに、回路ができるわけです。その回路が、シルバーになったときは、太くなるみたいです。そうするとエネルギーがよりたくさん入っちゃうから、流れが速まる。一度、回路ができると、永遠に流入し続けるという宇宙エネルギーの法則みたいなものがあるんです。

――このプレートの中に記憶されるということですか。

林 出たり入ったりするんでしょうけどね。プレート自体からも放射しているものがあるし、全ては電子が連れてくるわけだから、回路ができるといっぱい入っちゃうんじゃないかな。だから、効果も早いんだと思います。

社長がそうだと言ったことはないですよ。メーカーとして、そういうことはおっしゃらない。でも、2人の間では、「多分そうだね」と話しています。

――すごいですね。でも、見たいと思っているうちは我欲があるから、見られないんでしょうね。プレートをお持ちになっている方の中で、初めてシルバーになったのは、弓紗先生だったんですか？

林 違うんです。私のお客様の中では、集貝《ためがい》さんという方です。あのときは「弓紗さん、こんなふう（シルバー）になっちゃった」っておっしゃるから「どうしたの？もう、これ、返品だね」なんて話していた。その前に、本社講師の須田先生のお客様のプレートがシルバーになり、しかも変形してしまったということがありました。

――最初は不良品か不具合かと思ったんですか？

林　だって見た目がＦＴＷのコーティングが取れちゃったという感じでしょう？

そしたら、間もなく私のも同様にシルバーになったんです。だから社長も、「これはもうプレートは商品として出せないね」と言った。ところが、須田先生が試しに施術で、そのシルバー化したプレートにカバーをつけて使ってみたら、体のこりのほぐれ方がすごく早かった。もしかしたらと、通常のプレートと使い比べてみたら、やっぱり全然ほぐれ方が違うと教えてくれました。

それでも1年間くらい社長も悩んだみたいです。こう良いほうに作用することがあるといっても、取り扱いには、直火では使わないでくださいと注意書きするしかない。だけど、研修会に来た人にはシルバーになったものを見せるし、こうなる可能性もあるけれども、無理につくろうと思ってもできないんですよとお話をするんです。

現在でもＦＴＷのプレートのパッケージには、3秒以上直火に当てないでくださいと書いてあります。それはやはりやけどをする心配もあるし、もしシルバーになったときに、事情を知らないと、多分、「取り替えてください」となると思うからです。

シルバープレートの力を知っている人にはラッキーだからいいんだけど、交換の問い合わせがたくさんあっても対応が大変でしょう。だから、一応深く縁をしてない人たちには、「3秒以上は……」という注意書きを入れておきましょうということで解決したんです。

——1年くらい販売してない期間もあったんですか？

林　販売はしていたけれども、直火に当てることを研修で知っている人以外には、そのくらいの期間、シルバー化現象のことを言わないようにしていたんです。だって、びっくりしちゃうでしょう。

さまざまな使い方

——そういう時期を経て、いろんな使い方を皆さんに広げていったという感じですね。

林　コンプラウトに関わっている施術の先生もいらっしゃいますから、その方たちと「FTWでこんなことができたよ」とか、みんなで情報を交換しています。ファミリーのようなものです。小さな会社ですからね。こうもできた、ああもできた、次はこうしてみようと、みんなでつくり上げてきた12年です。

――それで、いろんな方たちがいろんな使い方をシェアしてくださるという、FTWの使い倒しグループができたんですね。

林　使い倒しグループをつくったきっかけは、販売していく中で、FTW製品を持っている人に出会うと、たまにフィオーラで顔をコロコロするくらいで、他の使い方がわからないという話を結構聞く機会があったからです。「最初に、クレンジングとジェルがついていたでしょう?」と言っても「ついていたけど、使ったことがない」みたいなお返事ばかりで、これはダメだ、ちゃんと使い方を教えないといけない。付属のクレンジングやジェルにはＦＴＷと同じ周波数でできた水を使っているから、細胞に瞬時に入るんだよということまで伝えないとわからない。

それで、私が文字にして、みんなに読んでもらえるようにしたらいいなと思いました。私はパソコンが苦手なので、ＬＩＮＥならと思って、ＬＩＮＥグループをつくったら、皆さんに読んでいただけるし、読めばわかるようにしたらいいかなと思って、つくったんです。そしたら、多くの皆さんが登録してくださって、ためになりましたと言ってくださる。それで、もし本になるとしたら、まだまだ使い方を知らない人が、ＦＴＷって何だろうと思ってその本を手に取り、これから購入するきっかけにしてくださるかもしれない、お役に立てるかもしれないと思うようになったんです。

――ヒカルランドのお客さんでも、カフェにいらして、カフェにＦＴＷが置いてあると、「これ、持っているけど、あまり使ってないんだよね」とか、「そもそも、これはどうやって使うの？」とか、「お米を炊くのも面倒くさいから、最近プレートを使っては炊いてない。それ以外に使いようがよくわからないから、たまに鍋敷きに使っている程度だ」とおっしゃるのを聞くと、もっといろんな使い方があるのに、ともどかしく思います。

林　まさか、これ（プレート）をお尻に敷く使い方があるとは思わないものね。

――そういえば、プレートを温めてお尻に敷くというのを、私は弓紗先生から一番最初に習いました。

林　その使い方なら粘膜から吸収されて、自律神経に作用するのが早いんです。

――これを敷いたら、食べ物が還元された状態になりますよね。還元されていない食べ物を、自分がプレートをお尻に敷いた状態で食べるのでは、効果は違うんですか。

林　それはよくわからないけれど、置いてから食べたほうがいいんじゃないですか。自分のお尻の下に1枚敷いて、食べ物にも1枚敷く、両方だったらなおいいと思います。

私は、1枚はいつも腰につけておきます。フォーグなら2枚セットだから、丹田と仙骨に当てて、フォーグをぐるっとゴムでつけておくんです。寝るときもつけっ放しにしておきます。そうすると、フォーグのマークが肌に跡をつけちゃうけど、すごく気持ちいいですよ。

それと、日中は足首に巻いておいて、寝るときになったら足の裏につけると、本当に安眠できます。アーシング効果ですね。

――私は寝るときは必ず背中にプレートを敷いて寝ています。頭にこれを敷いて眠ると、不思議な夢を見ます。

林 私の母は93歳で、1カ月前に危篤と言われたけれど、コロナだから会わせてもらえない。最期まで会えないで亡くなっちゃうのかなと思いました。

実家のある新潟県の施設に行っても、東京から訪ねた私のような人は会わせてもらえない。危篤なのに会わせられないなんておかしい、このまま東京に帰るわけにはいかないと思って、施設の玄関で待っていたんです。そしたら、施設の人が見かねて、車椅子に乗せた母を玄関まで連れてきてくれたんです。私は、亡くなるときは必ず光のほうに行くんだよということを母に伝えたかったので、それを母に伝えたら、「わかった」と言って、別れたんですが、医者からはもう数日だなと言われました。

母は、頭や額にずっとフィオーラをコロコロして寝ているんだそうです。もともと、そうなんです。妹は新潟市に住んでいるので、2週間に1回だけ面会できる。昨日、携帯で母の様子を見たら、すごくしっかりしていました。生き返ったと思いました。お医者さんもびっくりじゃないですか。「もう数日です」と言われたんですよ。だから、そんなの、信用できない。

――医者の言うことは半分、3分の1で聞くのがいいかもしれませんね。

〔2020年10月27日、この本の撮影のためにITTERU珈琲で酵素玄米を炊いているときに、妹から電話が入り、母の訃報を聞きました。応援してくれているなぁーと感じましたね。〕

2度目の臨死体験と強い光

林 先程、臨死体験のお話をしましたが、実は20代のとき以外にも、体験しているんです。

――20代のときが1回目の臨死体験で、先日コンプラウトでの取材でお話しされていた、佐藤社長が連れ戻してくれたという体験（P108）が2回目だったということですか？

林 はい。私は怖くて、誰にも何年間もそのことを話したことがなかったんです。この間、佐藤社長に言ったのが、もしかしたら初めてだったかもしれません。

――佐藤社長もそこまで詳しいことは知らなかったということですか？

林　確かに社長はその場に居合わせて、ずっと付き添っていてくださいました。だけど彼女は、自分が助けているという意識では全くないんです。だからそういう覚えもない。そういうふうにやらされちゃうみたいです。

この間のインタビューで本人が言っていたでしょう。昔からみんなでお食事していて、目の前に氷が入った飲み物があると、自分のグラスの氷だけ一瞬にして解けちゃうって。何かそういう力を持っている。手だけじゃなく、目で見ているだけでも、飲み物の味が変わったりもする。以前は対象に手をかざしたりしていました。だけど、そういうことをしなくても、変化したりすることはご自分がよくわかっていますね。そういう力は封印したと言っていたでしょう。あれは本当だと思う。でも昔から、周りにはわからないようにそっと周りの人を癒してあげたりしていました。

――力を使っている意識はないんですか？

林　それはあります。すごくつらそうな方に対して力を使われているような場面は、何度か見たことがあるんです。けれども、封印しているというのはこの間初めて聞いて、私が「そうだったの？」と聞いたら、それ（力）を前面に出したりして、特別な存在になってしまうとダメなんだとおっしゃっていました。それって、ちょっとわかる気がします。だから封印したんだと思います。いざというときにそれを出してくれていたんだと思うんです。

――弓紗先生の2回目の臨死体験のときも、そのいざというときだったのでしょうね。

林　亡くなるときは、オレンジ色というかレモン色というか、黄色い光が向こうからバーッと来るんですよ。そして、それまでちょっと痛かったり苦しかったりするのが、フーッと気持ちよくなっちゃう。どうでもいいみたいな感じで、すごく気持ちよくなっちゃう。光に吸い込まれるみたいな感じになるんです。1回目も2回目のときもそうなったんです。

でも2回目のときは、その光よりもっと濃い、卵の黄身みたいな色の光が目の前に来た。「ああ、気持ちいい」と言っているところに、急にそんな強い光が来たから、怖くなって、ちょっと目を開けたんです。そしたら指が見えた。あれっ？　と思った。ふっくりしているからすぐにわかる（笑）。いつも見ている手だから。「あっ、じゅん子社長の手だ」と思いました。

その前に、救急隊の人か、お医者さんかわからないんだけど、「45、42、危険、危険」と言っている。そんな声が聞こえました。

――心拍数のことを言っていたんですか？

林　血圧でしょうね。45になったら危ないと。だから、ぎりぎりのところで助けてくれた。それが本当です。ほんの3年ほど前のことです。本当にありがたい。なので、私も、ＦＴＷ、コンプラウトのためにより時間を費やそうと思いました。ＦＴＷへの思いが、そこからさらに深くなりました。

そのときのことは社長は記憶にないと言ってました。45、42と言っている数字のことも、社長は何のことかわからない。血圧がそうなったら亡くなるとかいうことも知らないから、何だろうみたいな感じだった。夢中で光を送っていたんでしょうね。私も、何か聞こえてはいたんですね。だけど、スーッと気持ちよくなっちゃった。社長がいなかったら、あのままになっていたわけです。

――弓紗先生も、こっちに残っていなきゃいけないお役目がまだあったんでしょうね。

林 そうかな。この本を書かなきゃいけないからね（笑）。

――ＦＴＷのことを本にしたいという話を最初に弓紗先生にご相談したときに、「佐藤社長に聞いてみる」と言われて、その後に佐藤社長が「そろそろいいかもね」とおっしゃっていたということを、改めて弓紗先生からお聞きしました。それは、今まで封印していたものを少しずつ出していく時代が来ているという意味なのかなと何となく思いました。

林　あの方は、一度会った方ならわかると思いますが、特別視されることを極端にイヤがりますよね。それは、強欲になったり、我欲が出たりすることで、ＦＴＷが自分のもとを去るような気がするからだと思うんです。私もすごくそういうことを感じるのですが、現にＦＴＷはしっかりと根づいてきているし、これはコンプラウトにしかつくれないものだから、そろそろいいタイミングなのではないかと思います。

彼女の力は本当にすごいです。そのことはぜひ本に書いていただきたい。社長がどういうふうにおっしゃるかはわからないですが。

愛用者の声

本書でご紹介の感想につきまして、
痛みの軽減や治癒には個人差がありますこと、
予めご了承いただけますようお願いいたします。

FTW フィオーラ

◆体調改善

50代　女性

2年以上患っていた五十肩の痛み。

何をやっても改善されませんでしたが、フィオーラでの2回の施術でほとんど不自由がなくなりました。手が上がるようになり、痛みもなくなりました。

腕のセルライトも減りすっきりする等、フィオーラのすごさに驚いています。

60代　女性

今まで肩こりで悩んでマッサージなど何をやっても効きませんでした。

今は逆に全くこらないので、肩もみしてくれる美容室の方もびっくりするほど。

また、足の裏がガサガサだったのが、フィオーラでコロコロしていたら1カ月くらいできれいに治りました。本当にびっくりしています。

ほかには、白髪が少し黒くなりました。まだ1カ月ですが本当にすばらしいです。

30代 女性（フォーグも使用）

夏の炎天下、屋外コンサートに出かけたところ、熱中症で立つことができなくなり、呼吸もしづらく、苦しさが増す中、フォーグを当てながらコロコロ（フィオーラ）をかけてもらっていると、15分くらいしてきたら、不思議な事にだんだんと呼吸が戻り、どんどん体が楽になっていき、最終的にコンサートに戻れるくらい回復しました。

40代 女性

若いときにできた肉割れが、ふくらはぎにありました。

何十年物のため、諦めていましたが、毎日TVを見る間にコロコロしていたところ、ある時、友人に「肉割れ、なくなっている」と言われ、自分でも驚きでした!!

ついでに足の裏も一緒にやっていたので、足の裏がふわふわになり、まるで赤ちゃんの足の裏みたいでうれしいです。

10代以下 女性

咳が出たり、胸が苦しいときにコロコロをしてもらうと、気持ちよかったです。むしにさされたとき、ジェルをつけてコロコロをしてもらうと、いたかったけど、次の日、腫れていたのがなおっていました。

10代 女性

私は、勉強が苦手なのですが、テストのときに母にフィオーラを頭にかけてもらったら今までできなかった問題がスラスラ解けました。

私はそれを実感することができて、とてもうれしかったです。

そして結果もいい結果が出て、そのこともうれしくて最近はもっと勉強をしたいと思えるようになりました。

40代 女性

歯の治療後、待合室で会計まで、人目を気にせずコロコロ！

なんと30分後に空腹に耐えきれずおそばをスルスル食べられちゃった！

50代 女性

金属アレルギーがきっかけでできた10年来の茶色いかさぶたがきれいに治りました。それまでいつもポロポロと皮がはがれ、ジュクジュクするのを繰り返していました。

50代 女性（Gフォーグも使用）

さまざまな体験がありますが、一番の驚きは抜歯後の回復力でした。痛み止めも使わず傷口は1日で塞がり、普通に食事ができました。とにかくコロコロ、あごの下にはGフォーグで痛みは全くなし。私にとってまさに救世主のような存在です。

70代 女性

左足のくるぶしの腫れが根気良くコロコロしていると、腫れが引いた。両足のふくらはぎに静脈が浮き出てきたので毎日リンパへ流すようにフィオーラでコロコロているると元通りのふくらはぎに戻り効果をうれしく思った。

40代　女性

主人が久々に会う友人に髪がふえていることを驚かれたそうです。

40代　女性

フィオーラでコロコロすると、普段浅い呼吸がとても深い呼級に変わります。

体の痛いところにもコロコロすると、痛みが和らぎます。

家族みんなで毎晩コロコロしています。

50代　女性

リウマチの患者さんで3桁の炎症反能が正常値に！

おかげで生命保険にも入れました!!

普通固まった関節が元に戻ることはあり得ないので周りも驚いています。

30代　女性

週1回のフィオーラマッサージに2年ほど通っています。ちょうど1年目のときに年一の会社の健康診断でしたが、もともと視力が悪く、小さいころからメガネを使っていましたが、視力検査で視力が上がっていました。また、肌はシミが薄くなって大満足です！

40代 女性

今まで20年以上、某大手化粧品会社の化粧品を使っていましたが、2カ月前思い切ってフォームと、ジェルに変え、シンプルケアにしました。すると顔の皮がむけて、初めは心配しましたが、1カ月くらいしたらつるつるしてきてシミ、シワも少なくなりました。

30代 女性

顔だけでなく、背中、お腹、太もも、ふくらはぎ、ありとあらゆる場所をコロコロ。ふくらはぎ、太ももは、むくみがなくなり足が細くなりました。

40代　女性（プレートも使用）

10年前にヘルニアを患い腰の痛みがひどくて、ブロック注射を毎日のように受けていました。フィオーラと出会い、その腰痛とも上手に付き合えるようになりました。プレートも使用するようになり、日々の料理、寝るときには、腰に当てて寝るということもしていました。

おかげさまでとても楽に朝を迎えられるようになりました。

実は先日、事故に遭ってしまい、首と腰のレントゲンを数年ぶりに撮るということがありました。

腰のヘルニアのことも気になったので先生に見ていただいたのですが、レントゲン写真に写る腰には、ヘルニアの形跡がないと言われました。

さらには骨もすごくきれいだと褒められたほどです。

加齢で骨がもろくなっているのではと思っていたのでとても安心し、うれしくなりました。フィオーラとプレートには感謝です。

50代　女性（フォーグも使用）

顔のたるみやシワが気になり、友達の紹介で始めましたが、1年過ぎた今、みるみる効果が出て、今では若返ってきたように思います。フォーグも身につけています。

50代 女性

我が家のフレンチブルドッグはアレルギーがあるのですが、フィオーラを持って「コロコロしますねー」と言うとダッシュで飛んできます。

毎日5~15分ほどコロコロしていますが、途中でやめると、もっとしてくれと言わんばかりに私の手をたたいてきます。動物は良いものがわかるのですね。

以前は獣医さん通いでステロイドの注射や飲み薬を使用していましたが、今では通う必要がなくなり、大変喜んでいます。

40代 女性

首のたるみが気になり始めて1年くらいとなりますが、シワがなくなり、キメが細かくなってきました。首のこりもひどかったのですが、痛みが軽くなりました。

60代 女性

夜中に突然左足がつけ根からつり、ひどい痛みで慌てました。

一人住まいで誰もいないので少々パニックでした。

足を引きずりながらフィオーラのあるところまでたどりつき、つけ根、ひざ裏を中心に全体をしばらくコロコロ。10分ほどで治り、大変助かりました。

40代 女性

フィオーラを使い始めて一番うれしかったことは、リフトアップももちろんのこと、体温が上がったおかげで、冷え性が改善し、毎日元気に仕事ができるようになったことです。今では、健康と美を手にすることができ、みんなにも教えたいくらいです。

40代 女性

フィオーラを使い始めて数カ月経ったころ、同居の義母に「ファンデーション替えた？」と聞かれました。肌がとてもきれいに見えるとのこと。

ファンデーションは替えていないので、フィオーラのおかげだと思います。

（年齢性別不明）

飛蚊症があり、フィオーラで目の上や目の周りをコロコロしていたらいつの間にか気にならないほどになっていることに気づきました。ぜひやってみてください。

30代　女性

とてもむくみやすい体質でしたが、むくみが取れ、生理痛が軽くなりました。
また、洗済などに手が荒れやすく、湿疹が出ていたのですが、とても良く改善されました。フィオーラを使ってから一番感じることは精神的にも安定する部分が大きいということです。

60代　女性

原因不明の湿疹が全身に出て、一旦はステロイド治療をして治まりました。
しかし一番初めに出た箇所の湿疹がしつこく残り、かゆみとの戦いでした。
フィオーラでコロコロしてかゆみが収まり、かかないことで湿疹が治ってきました。

30代　女性

精神的な病を持った家族が、フィオーラと触れ合う生活を通じてマイナス思考ではなくなってきました。

以前は細かいことを気にして自分を責めることもありましたが、今は仕事をしようとする前向きな意識が見られます。精神的な安定の効果があります。

50代　女性

私は長い間、脇の匂いに悩んでおり、夏は外出中、都度トイレに入り、脇の手入れをしなくてはならない状態でした。

しかも使っていた脇用スプレーはハーブなどでつくった体に害のないもので、市販品に比べて高いものです。

初めてフィオーラを手にしたとき、脇に効果が表れるなんことは思いもせず、なんの気なしに脇に当ててみたのです。ところが1日でその効用を実感！

ただただ驚いたことを覚えています!!　うれしかったぁ〜!!

顔から首にかけては毎日のように、入浴後は足裏を尖ったほうでつぼ押しします。そんな夜は冬でも、布団に入ってからも足がポッカポカして熱すぎてときどき布団から足を出して熱を放出という具合です。以前は湯たんぽが欠かせなかったのがウソのようです。

40代 女性

2週間ほど激しい肩の痛みに苦しみながら日常生活を送っておりましたが、サロンを開いている姉に、全身フィオーラをかけてもらったところ、長く続くと思われた痛みがほぼなくなりました。すでに4年程使っておりますがあらためて驚きました。

60代 女性

髪の毛にハリが出てきました。頭の一部が常に痛かったのにそれがなくなりました。母の足にフィオーラをかけてあげたらむくみがだいぶ取れました。

50代 女性

何年か越しのバネ指でしたが、フィオーラで指のところをコロコロしていたら治ってきました。あざなども薄くなり、色味も消えてきれいになりました。

20代 男性

お腹にガスがたまってとても苦しかったので、お腹周りを全体的にコロコロしたら腸の動きが良くなりました。たった数分間での出来事だったので驚きました。

40代 女性

木工作業中にトゲがささり、チクチクしていましたが、ジェルをつけてフィオーラを転がしているうちにトゲが取れ、何も感じなくなりました。
ほんの30分くらいです。ＦＴＷってやっぱり万能だなぁーと思いました。

70代 女性

腰を痛めていたのですが、フィオーラでコロコロすると、とても気持ちが良く、楽になってきました。今では手放すことができません。

30代　女性

妊娠中、お腹を年中フィオーラでコロコロとしていたら、へその緒のきれいな赤ちゃんが生まれました。羊水もきれいだったそうです。

FTW ビューラプレート

◆体調改善

40代　女性

胃が痛かったのでその部分に当てたら痛みがほとんどなくなった。

浴槽にお湯をはるときに入れたらなめらかなお湯になり、沸く時間も早かった。

40代　女性

背中のあたりに当てて寝ると翌朝、体がスッキリ軽かったです。

前日まで疲れていてだるかったのがウソのよう!!

40代　女性

同居する義母がお腹が痛いと言うので、プレートを直火で10秒ほど温め、タオルに包んでお腹に当ててもらいました。

20分後くらいで治ったと本人もびっくりしていました。

50代　女性

いつも驚きの効果発揮してくれるＦＴＷ製品ですが今回はおかげで禁煙に成功!!

プレートの上に1晩置いたタバコを吸うと、香りも化学薬品系のものが全てなくなり、とてもまずくなります。二度と吸いたくなくなるものに変化していました。

逆にプレートに置かないものを吸うと、今度はあまりのニコチンの強い刺激に参り、簡単に禁煙が進んでしまうというびっくり体験でした。

40代　女性

業務用スライサーで親指を深く切ってしまい……　出血・痛みがひどかったです。プレートで扇いだり、プレートの上に指を当てて眠ったりしました。5日くらいたつと、傷口が目立たなくなり、その後傷跡も残らずきれいに治ったのにはビックリでした!!　プレート様ありがとう！

20代　女性

伯母（90代）の右膝が腫れ、痛みもあり、手押し車を使用して10センチほどの小股でしか歩けない状態でした。

フィオーラを転がし、さらにポットのお湯で温めたプレートで膝周り、脚の筋を5～10分温めたところ、40分後くらいに伯母が立ち上がり歩き出しました。30センチくらいの歩幅で歩けると周りに見せてくれました。

40代　女性

胃痛のときにプレートをコンロで熱して胃の上あたりに置いておくと、5分くらいで徐々に痛みが和らいでいきます。
また、肩こりがひどいときも同様に温めたプレートを首の後ろに置いて寝ると眠りが深くなり、翌朝は肩こりが軽くなっています。

30代 女性
左肩が痛かったので、まずはフォームとジェルを塗り、その上プレート2枚で肩を挟むようにしていたところ、肩の痛みが、約20分程で驚くほど良くなりました。

60代 女性
10年来ひどい頭痛と肩こりがあり、あらゆることを試しましたが、思うような結果は出なかった。
それがビックリ、プレートを温めて肩から背中へ当てると10年来の頭痛と芯のあるこりが取れました。良かったです。

70代 女性（フィオーラも使用）

肩や肩甲骨周りがこりすぎて、腕が上がらず、頭痛や吐き気をもよおしました。温めたプレートを脇の下や肩甲骨付近に当て、フィオーラでコロコロしてもらっていたら30分程で頭痛が和らぎ気分が良くなってびっくりしました。

今では毎晩プレートを温めてから一緒に寝ています。

30代 女性

玄関のドアに指を挟んで複雑骨折をしました。

緊急手術を行いましたが、もう少し病院に行くのが遅かったら第一関節から先を落としていたかもしれませんでした。

応急措置で血を止めてフィオーラとプレートを使っていたら、痛みもなくなり、術後も軽く済み、第一間接もきれいに治りました。

家にフィオーラとプレートがあってよかったです。

40代 女性

お腹の調子が悪かった息子にプレートを温めてお腹にしばらく当てておくように言

いました。しばらくすると不思議と痛みもなくなり、調子が良くなりました。

60代　女性

毎年膝痛、腰痛で悩む年老いた両親が、そういえば今年は痛くないねと顔を見合わせておりました。

私が電気ストーブの前にプレート2枚立て掛けた結果かな？

遠赤外線のお部屋の中で家族みんな笑顔で過ごせています。

30代　女性

まだ使い始めて2〜3カ月ですが、持ち始めてすぐ、顔色がワントーン上がり、食欲があまりないときが多かったのに、おいしく食事ができるようになりました。

また、喘息の症状が出そうなときにプレートを顔の上にのせてみたら喘息が落ち着いたのにはびっくりしました。

◆調理

40代 女性
やかんでお湯を沸かすときにガス台とやかんの間にプレートを挟むとすぐ沸く！
マグカップ1杯分だと某有名電気ケトルのCM並みの早さでびっくり！

60代 女性
いつもプレートを鍋の下に敷いてお湯を沸かし、それでコーヒーをいれます。
ある日プレートなしで沸した湯でコーヒーをいれたら、あまりおいしくなく、プレートを使うとおいしくなることを再確認しました。

40代 女性
揚げ物では油がずっとサラサラで臭いも出なく、油の量も使用後、ほとんど減らないので驚きです。

40代 女性

鉄欠乏性貧血だったところ、プレートを入れて炊いた酵素玄米ご飯を3カ月食べ続けてヘモグロビン量数値が上がりました。

医者からは通常、数値が一度下がったらなかなか上がらないものなのだと聞いていたので、驚きました。

40代 女性

普段はIHで料理をしていますが、冬、卓上コンロでプレートを土鍋に入れてお鍋をしたところ、次の日のお通じが今までにない感じでした。

IHで調理しているときとは比べ物にならないくらいの効果が直火とプレートなら発揮されるのかな？　と思いました。

70代 女性

冷たいご飯を、プレートを敷いた蒸し器で蒸すと短時間で中までふっくらと温まります。レンジで温めるのとは違って冷めにくく、おいしくいただけました。

40代 女性

うちの家族は揚げ物大好き！ でも、揚げ物をすると家中油くさくなるんですよね。
ところが油の中にプレートを入れると全然におわない！ 驚きです！
もちろん食品もおいしくなるし胃もたれもしません！ プレート最高!!

50代 女性

あらゆる料理にプレートを使っていますが、特に夏は食材が腐りにくく助かります。
また、揚げ物をしてもプレートを油の中に入れておくと部屋の中が油の臭いもせず
毎回驚いています。

70代 女性

作りたての梅干しの壺の下に置いておくと、色良く又早く熟成する。
元気のなくなった観葉植物のポトスが植木鉢の下にプレートを敷いておいただけで
2～3日すると生き生きし始めた。

70代　女性

今までは水を買っていたのですが今は水道水をペットボトルに入れてプレートの上に置いておくと水がまろやかにおいしくなるので買わなくて済むようになりました。

60代　女性

熱伝導がよいので調理時間が短く済む。

ムキエビを茹でるとき使うと独特な臭いが出ない。

お風呂の新湯に入れるとビリビリ感がなく、お湯が軟らかく感じる。

70代　女性

塩麹をつくるとき、器ごとＦＴＷプレート入りのお鍋に入れておくと早く熟成して短期間で出来上がった。

しめじを袋ごとプレート入りお鍋に入れ蓋をしておくと新鮮なまま日持ちがした。

FTWフォーグ

◆体調改善

70代 女性

毒虫に刺され、あまりのかゆみに掻き壊して化膿させてしまった。何も塗らず、くるぶしを2枚のGフォーグで挟んだら一晩で何回も膿が出て3日目にはほとんど刺されたところがわからないまでに治りました。

60代 女性

駅の階段を踏み外し、膝をガックンして激痛！

片足を引きずりなんとか用事を済ませ、帰宅。

病院に行くまでとフォーグを装着していたらそのうちに痛みも忘れ、その後自転車で海までツーリングもできてしまいました。

40代 女性

ペアフォーグをネックレスにしていたら、花粉症の症状が出なくなりました。それまでののどの痛みや不快感がなくなり、ストレスもなくなりました。

70代 女性

ある日突然右腕が上がらず、痛みがありどうしようかと思ったがフィオーラトリートメントをして、フォーグを脇に入れ、静かにしていたら痛みが消え、腕も上がるようになりました。

女性（年齢不明）

飼い犬がコタツの電気コードをかじって、口の中をやけどしました。病院で見てもらった後、自宅ではイヤがらなかったのでフォーグを両頬に当てて固定していました。3日目には完治しました。

60代 男性

写真が趣味で目を大事にしています。しかし近年見えてる情景がどうもファインダー越しでは見えにくいときがあります。Gフォーグ出会う機会があって、昔のような写真がまた撮れるようになり、家内も喜んでくれています。

50代　男性

サーフィン中にウニのトゲが足に刺さってしまい、抜けないから放っておきました。数日後、化膿して痛み始めたからダメ元でフォーグを当てておいたところ、2時間くらいで痛みを感じなくなったので、足を見たらトゲまでなくなっていました。以前にも同じことがあったので偶然ではないと確信しました。

50代　女性

立ち仕事で足のむくみます。ひどいときは痛いぐらいでしたが、Gフォーグをハイソックスに挟み、ふくらはぎに当てているとむくみがまるで違います。

40代 男性

ゴルフでひじを痛め、プレーを諦めていたが、Gフォーグをサポーターで巻き、痛みなくプレーできた。

30代 女性

慢性の膀胱炎でしたが、Gフォーグを毎日ボトムスのポケットに入れていたら、2週間くらいで治り、ぶり返さなくなった。

◆調理

30代 女性

フォーグを鍋に入れて野菜をゆでるときにも使用していますが、もやしが一番元気になります。シャキシャキ感が違います！

40代 女性

フォーグをお酒のコースターにすると変なお酒臭さがなくなり（笑）、豪快に飲んでいても二日酔いしません。

70代 女性

ぬか床が変な匂いがして、捨てようかなと思ったのですが、フォーグを一晩入れておいたら正常に戻り、捨てずに済みました。

それに加え、今までよりぬか漬けがおいしく漬かるようになりました。

FTW IKI・IKI

80代 女性

昨年4回も入院しました。
イキイキの上に寝ていると痛いところも治るし、よく眠れます。
現在は病状からも回復し外出を楽しんでおります。イキイキに本当に感謝です。

感謝のことば

ＦＴＷ使い倒しグループに着目してくださり、
プロデュースしてくださった高橋さやかさん。
インタビュー記事の編集を担当してくださった伊藤愛子さん。
そしてこの本の出版を快諾していただき、
ご協力くださいましたヒカルランド石井社長様。
心より感謝申し上げます。

林　弓紗

林 弓紗　はやし ゆさ
酵素蘇生研究家
FTW式酵素玄米の炊き方、味噌教室、FTWフィオーラの美顔法を広めて14年。のべ5000人以上の方にその魅力を啓蒙する。20代の頃、生死を彷徨う子宮外妊娠から臨死体験をし、その時に「西洋医学では人は本当に健康になり心の底から幸せになる事は難しい」と考えるようになる。命が助かったことで「私は多くの方の役に立つ事が出来るのではないか」という強い思いを持つようになり、無理なく「自然と共存・共栄」する地球にも優しいやり方で、多くの方に健康になってもらうための活動をはじめる。大愛の光を受け、関わるすべての方との魂を共鳴させるべく、FTWを使ったお料理教室から美容健康法を伝授する講座など、幅広く活躍している。

佐藤じゅん子　さとう じゅんこ
株式会社コンプラウト代表取締役
2002年に、関英男博士と出会い強く影響を受ける。
2005年以降FTWセラミックスの研究者とのご縁をきっかけにFTWセラミックス関連の商品を開発。

超宇宙のパワープレート！
FTW使い倒しBOOK

第一刷 2021年6月30日
第七刷 2024年11月11日

著者 林 弓紗
発行人 石井健資
発行所 株式会社ヒカルランド
〒162-0821 東京都新宿区津久戸町3-11 TH1ビル6F
電話 03-6265-0852 ファックス 03-6265-0853
http://www.hikaruland.co.jp info@hikaruland.co.jp
振替 00180-8-496587
本文・カバー・製本 中央精版印刷株式会社
DTP 株式会社キャップス
編集担当 高橋さやか／伊藤愛子

ISBN978-4-86471-513-3

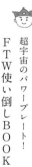

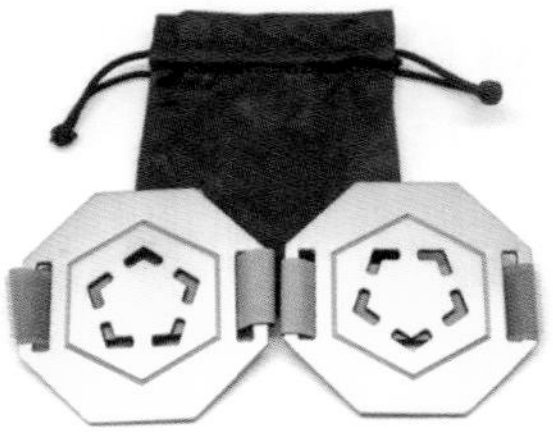

故・舩井幸雄氏も絶賛したという両手ふり運動に絶大な効果を発するフォーグ

FTWフォーグ

■ 33,000円（税込）

●素材：FTW セラミックス　●本体サイズ・重量：80㎜×80㎜／72ｇ　●セット内容：フォーグ本体２個、マジックテープ２本、専用袋、取扱説明書

FTW 製品開発者である佐藤じゅん子さんが師と仰ぐ関英男博士は「両手ふり運動」を推奨していました。これは朝昼晩4000回（40分間）続けることで空間から宇宙エネルギー（電子）を集めて健康を促進させるというもので、1500年前の達磨易筋経という教典にも記載されていました。この運動を行う際に「FTW フォーグ」を両手に持って行えば、わずか１/10の時間で40分間運動したのと同じ効果（つまりは10倍の効果！）を得ることができるとあって、舩井幸雄氏も短時間で効果が得られると絶賛、長年愛用していたそうです。

舩井幸雄氏

How to 両手ふり運動

起立し、背筋を伸ばした状態で両手のひらを内側にしたら、両方の手を同時に力を入れて後ろにポーンと投げ出します。その反動で両手が前方に移動されたら、一定回数ぶらぶらさせます。

この「FTW フォーグ」はエネルギー装置として、両手ふり運動以外にも活躍。コースターとして使えば飲み物がおいしくなり、アイマスクの下に２枚はさんで使えば眼の疲れや眼のトラブルをケア。就寝時に足の裏に貼ったり、デスクワークなどの作業時に首の裏側や腰にゴムで巻くだけで疲労の軽減になるなど、アイデア次第で使い方はさまざま！

黄金比に基づいた角度で湾曲したフォーグは肩、腕、脚など疲れがたまりやすい部位にフィット

FTW Gフォーグ

■ 33,000円（税込）

●素材：FTW セラミックス　●本体サイズ・重量：80㎜×80㎜／72ｇ　●セット内容：G フォーグ本体２個、マジックテープ２本、専用袋、取扱説明書

「FTW フォーグ」に対し、グラビトン（graviton／重力子）の頭の G を冠したこちらの「FTW G フォーグ」は、両側面が黄金比（１：1.618）の角度で曲がっているのが特徴です。これは、人間の肩、腕、脚など湾曲している各部位にピタッとはまるように計算されたもの。両手ふり運動時の使用はもちろん、つらい肩こりや筋肉痛などに FTW のエネルギーが作用し、痛みなどを和らげるのに役立ちます。

【お問い合わせ先】ヒカルランドパーク

＊ご案内の価格、その他情報は発行日時点のものとなります。

使い方無限で万能、電池も不要
FTW生活はこのプレートから!

FTWビューラプレート

■ 55,000円（税込）

●素材：FTW セラミックス　●サイズ：直径144㎜

●製造国：日本

※直火で加熱することで、プレートの色が稀にシルバーに変色することがありますが、品質や効果には影響ありません。

FTW 製品を使うのは初めてという方は、多彩な使い方ができるこの「FTW ビューラプレート」がオススメです。六角形（六芒星）、五角形（五芒星）といった神聖図形をあしらった形状が宇宙と共振し、宇宙エネルギーとも例えられる電子を集めて遠赤外線を超える周波数を放射します。以下にあげるように、さまざまなシーンでその効果をご体感いただけるでしょう。

こんなにある！　FTW ビューラプレートの使い方

①調理の際に、お鍋や電気釜の中に直接入れて酸化・糖化を抑制
②電子レンジの上に乗せて料理のおいしさアップ
③飲み物、食べ物をプレートの上に置いて電子の作用でおいしく
④発酵食品をつくる時に、一緒に入れる（微生物が宇宙エネルギーと共鳴）
⑤椅子や車の座席に敷いたり、お腹や腰に巻く（プラスに帯電した箇所がマイナス電子により還元）
⑥お風呂に入れて温泉のように温まるお風呂に
⑦植木鉢の土の上に置いて成長を促進

FTW を使った抗酸化・抗糖化を検証

マーガリンを溶かした鍋を煮詰めた結果、「FTW ビューラプレート」を入れた鍋（左）は酸化が起こらずマーガリンは透明のまま。一方、「FTW ビューラプレート」を入れてない鍋（右）はマーガリンが黒ずんでいきます。

白砂糖を溶かした鍋を煮詰めた結果、「FTW ビューラプレート」を入れた鍋（左）は糖化が起こらず白砂糖は透明のまま。一方、「FTW ビューラプレート」を入れてない鍋（右）はカラメル化して黒ずんでいきます。

天然由来成分にこだわり、誰でも安心して使える洗顔料に

ビューラクレンジング&トリートメント（フィオーラ専用）

■ 400mℓ　6,050円（税込）

■ミニ80mℓ　1,650円（税込）

●成分：水、トール酸K、トールアミドDEA、トレハロース、イタドリエキス、カキ葉エキス、ヨモギエキス、グリチルリチン酸2K、フェノキシエタノール

※写真は400mℓ。

化粧水、美容液、ダメージケアを兼ね、新しい素肌に出会える感動をあなたに

イオニスジェルウォーター（フィオーラ専用）

■ 100mℓ　4,950円（税込）

■ミニ30mℓ　1,980円（税込）

●成分：水、グリセリン、イタドリエキス、カキ葉エキス、ヨモギエキス、トレハロース、グリチルリチン酸2K、カルボマー、水酸化K、フェノキシエタノール

※写真は100mℓ。

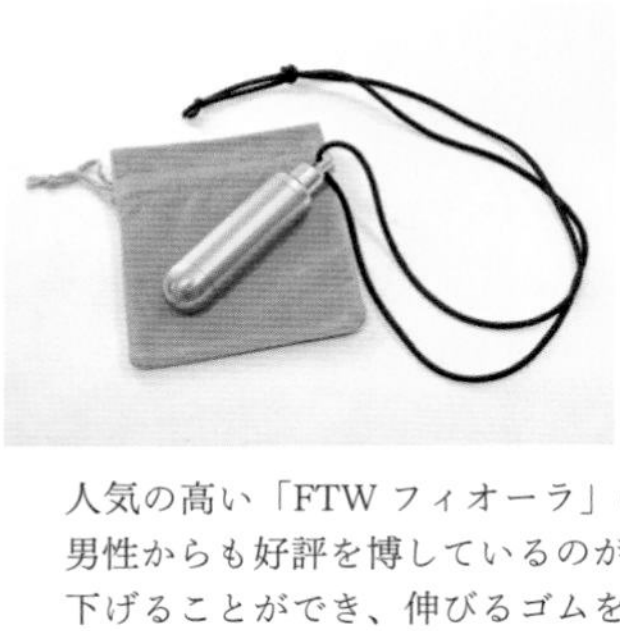

フィオーラが使いやすい形に進化利便性の高いペンダントタイプ

FTWフィオーラペンダント

■ 38,500円（税込）

●素材：FTWセラミックス　●サイズ：約85㎜　●セット内容：フィオーラペンダント本体、ゴム、留め具、専用袋

人気の高い「FTWフィオーラ」の先端部分を改良し、肌身離さず身につけられると男性からも好評を博しているのが、こちらの「FTWフィオーラペンダント」。首から下げることができ、伸びるゴムを採用しているので、パソコン作業中などで凝りが気になったりしたら即使用できる利便性がうれしい！　頭をコリコリすれば頭痛が和らぎ、そのままぶら下げれば、免疫を司る胸腺やみぞおちからカラダを活性化。免疫力アップにも期待できます。また、お風呂に入れて気になる箇所をコリコリしたり、ツボにあてて使うこともできます。

【お問い合わせ先】ヒカルランドパーク

＊ご案内の価格、その他情報は発行日時点のものとなります。

いつでも気軽にコロコロ♪
宇宙エネルギーでリフトUP&全身ケア

FTWフィオーラ

■ 41,800円（税込）

●素材：FTWセラミックス ●本体サイズ：全長191㎜ ●重量：63.2ｇ ●セット内容：フィオーラ本体、専用袋、イオニスジェルウォーターミニ（30㎖）、ビューラクレンジング＆トリートメントミニ（80㎖）

女性を中心に絶大な支持を集めているのが、こちらのビューティーローラー「FTWフィオーラ」です。お顔や体にコロコロ転がせば、空気中の電子を誘導し、人体に有益な4～26ミクロンの波長を効率よく放射。電子と遠赤外線のFTW2大効果がお肌に浸透します。気になるお顔のシミやシワ、浮腫みのケアやリフトアップで、実年齢より若く見られるようになることも期待できます。さらに痛みやコリも解消し、美容から体調不良まで女性が抱えるさまざまな悩みに応えてくれます。もちろんその健康効果から男性やお子さま、ペットへの使用もオススメです。

さらに、「FTWフィオーラ」には、洗顔料「ビューラクレンジング＆トリートメント」と、スキンケアアイテム「イオニスジェルウォーター」をセット。これらには日本古来より伝わる3つの薬草、皮膚トラブルに絶大な作用がある「イタドリ」、殺菌力と活性酸素を除去する働きの「柿の葉」、疲労回復効果や殺菌力の高い「よもぎ」を特別な比率でブレンドした発酵エキスを使用。さらに自然界にわずかにしか存在しないトレハロース「復活の糖」を配合。精製水の代わりにFTWセラミックスで活水した水を使用し、「FTWフィオーラ」と周波数が揃うことで、より細胞に届きやすく、エイジングケアアイテムとしてさらなる相乗効果が得られます。まずは一度他の化粧品を一切使わずに3日間お試しになってみてください。

※セットの化粧品はミニサイズとなります。追加でお買い求めいただくこともできます。

こんなにすごい！
FTWフィオーラで期待できる効果

◆美肌・リフトアップ
◆肩こり・腰痛・冷え・関節痛に
◆切り傷・擦り傷・炎症に
◆ストレスに
◆美しい体型をサポート
◆食材の熟成（肉、魚、野菜、果物、ワインなどのお酒）

FTW
最新
アイテム

決め手は「FTW水」「稀」「粉おしろい」の3つの力
光を纏うようにお肌を整えるファンデーション

ナチュラルウォーターファンデーション

■ 5,280円（税込）

●内容量：25mℓ　●成分：水、プロパンジオール、酸化チタン、ソルビトール、カオリン、1,2-ヘキサンジオール、硫酸 Mg（アクリレーツ／アクリル酸エチルヘキシル）クロスポリマー、酸化鉄、カキ葉エキス、イタドリエキス、ヨモギエキス、エタノール、シリカ、ポリアクリル酸 Na、水酸化 AI　●カラー：オークルインベージュ　●オイル、パラベン（防腐剤）、シリコン（合成高分子化合物）、香料すべて未使用

※お肌に合わない場合は使用をお止めください。

これまで FTW 製品の開発で培ってきたノウハウを結集し、軽やかな着け心地、伸びの良さ、崩れにくいカバー力を実現。理想的なファンデーションができあがりました。ベースとなる水は FTW セラミックスと螺旋水流でろ過した「FTW 水」。電子の誘導や遠赤外線を超える周波数といった FTW が持つ特性がプラスされたことで、水中の電子方向が整った誘電率の高い水になり、物質の酸化や劣化を防ぎ新陳代謝の効率を高めます。また、イタドリ、柿の葉、ヨモギの液体成分を発酵し、その植物信号を抽出してつくられた「稀」も配合。肌トラブルや婦人科系のトラブルをはじめ、日本古来から活用されてきた薬草ならではの効能が期待できます。
化学成分など肌への負担になるものは一切用いず、オイルの酸化臭もしません。どんな肌タイプの方でも心地よくつけていただけます。重ね塗りしても快適な仕上がりで、薄づき派もしっかり派も、肌質をコントロールしやすいでしょう。

FTW フィオーラとの併用が超オススメ！

ファンデーションの上から「FTW フィオーラ」でコロコロすると、ファンデーションと同じ周波数がお顔に広がります。その結果、ファンデーションが定着してより化粧崩れしにくくなり、ツヤが出てリフトアップ効果もぐんと上昇！
ぜひ相乗効果をご体感ください。

＊ご案内の価格、その他情報は発行日時点のものとなります。